小学生校外体育活动指南

本书编写组◎编

世界图书出版公司
广州·北京·上海·西安

图书在版编目（CIP）数据

中小学生校外体育活动指南/《中小学生校外体育活动指南》编写组编 . —广州：广东世界图书出版公司，2010. 4（2024.2 重印）

ISBN 978 - 7 - 5100 - 2029 - 2

Ⅰ. ①中… Ⅱ. ①中… Ⅲ. ①少年儿童校外活动 - 体育活动 - 简介 Ⅳ. ①G635.5

中国版本图书馆 CIP 数据核字（2010）第 050071 号

书　　名	中小学生校外体育活动指南	
	ZHONGXIAOXUESHENG XIAOWAI TIYU HUODONG ZHINAN	
编　　者	《中小学生校外体育活动指南》编写组	
责任编辑	柯绵丽	
装帧设计	三棵树设计工作组	
出版发行	世界图书出版有限公司　世界图书出版广东有限公司	
地　　址	广州市海珠区新港西路大江冲 25 号	
邮　　编	510300	
电　　话	020-84452179	
网　　址	http://www.gdst.com.cn	
邮　　箱	wpc_gdst@163.com	
经　　销	新华书店	
印　　刷	唐山富达印务有限公司	
开　　本	787mm × 1092mm　1/16	
印　　张	13	
字　　数	160 千字	
版　　次	2010 年 4 月第 1 版　2024 年 2 月第 10 次印刷	
国际书号	ISBN　978-7-5100-2029-2	
定　　价	49.80 元	

前　　言

人类诞生以来，就一直依赖体育运动提高身体素质。对现代人来说，好的身体素质是增强社会竞争力的重要方面。所以，培养中小学学生对体育的兴趣和正确认识是老师和家长的重要任务之一。

教育界流行着这样一种说法："智育不合格是次品，德育不合格是危险品，体育不合格是废品。"这句话对教育的核心可谓是一语中的，学生的全面发展必须是包括德、智、体、美等诸多方面的综合发展。学校教育应当面向全体学生，通过科学教育途径，充分发挥学生的天赋条件，重视培养学生的创新精神和实践能力。注重学生个性差异，提高学生的各种素质水平，使青少年得到全面发展。

《资本论》中提出：未来教育对于所有已满一定年龄的儿童来说，就是生产劳动同智育和体育相结合，它不仅是提高社会生产力的一种方法，而且是全面发展人的唯一方法。这充分说明体育在学校教育中具有举足轻重的地位。事实上，强健的身体、充沛的精力是直接影响其他如智育、德育、美育等诸多方面的协调发展的主要因素。而今天许多科学研究也进一步证明了体育对学生全面发展起到了巨大促进作用。

目前中国学生的体育活动还是处在以学校教育为主的阶段，是体育学上的"学校体育"。所谓学校体育就是指在学校中，运用身体运动、卫生保健等手段，对受教育者施加影响，促进其身心健康发展的有目的、有计划、有组织的教育活动。在我国实行的学校体育教育包括校内体育和校外体育两部分，二者是相辅相成的。同学们在校内体育课上受到正规的体育教育，

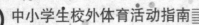

学习各种体育运动的基本动作规范，从而使学生能以正确的方式在学校以外参与到体育活动中，避免不必要的损伤；而校外体育活动则是校外教育的重要组成部分，它能增进学生的身心健康，提高学习效率，丰富课外文化生活。同时，校外体育的发展对培养体育积极分子和扩充我国优秀体育运动员的后备力量也起着良好的作用。

　　本书在编写结构上，包括理论和实践两大部分。理论部分帮助同学们了解校外体育的基本知识，帮助同学们树立正确的校外体育观念，激起同学们参加校外体育活动的兴趣。实践部分从增加趣味性的角度，选编了多年来广泛流传、简单易行、效益明显的体育活动和游戏的内容与方法，既有传统的体育锻炼，也有富有趣味的体育游戏，把这些内容给予简洁的分类，并配有插图，有很强的可操作性，从而方便同学们自学自练，拥有好的体魄。

目 录
Contents

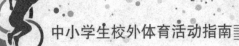

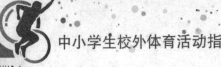

球类体育活动指南

其他类体育活动指南

❧ 学生校外体育活动概述 ❧

校外体育活动是校内体育活动的一个延伸，顾名思义就是学生在学校以外进行的体育活动。下面将为你详细介绍校外体育活动的定义、内涵、分类、功能、场所以及在校外进行体育活动的注意事项。

✎ 学生校外体育活动的定义

毫无疑问，校外体育是属于体育活动的一种，并且是积极性的校外体育活动。关于校外体育活动的定义，虽然有各种不同的表述方法，但其意思都是指学生利用校外时间，不拘形式地通过各种身体活动，在充满欢愉的气氛中，达到增强体质、促进健康、恢复体力、调节心理、陶冶情操、激发生活热情、培养高尚道德、满足精神追求及享受人生乐趣等目的。校外体育活动的最大特点就是活动个体的自由选择性、活动内容和形式的多样性以及活动效果的综合性。

校外体育活动最主要的特点是自由性，就是说学生在校外课余时间，不受任何约束，按照自己的兴趣和爱好，选择自己所喜欢的某项或几项体育运动项目进行个人或成队的练习。自由性表明学生在校外体育活动中的主体特点，意即学生是校外体育体育的主人；此外，它还具有体育性、校外性、积极性等特点。

这种活动能很好地丰富学生的课余生活，有益于身心健康。为了使学生养成坚持锻炼身体的良好习惯，应引导他们从个人爱好的活动中，选择

适合自己需要的锻炼内容和方法。所谓体育性是指学生在校外体育活动时所进行的内容特点——身体锻炼；校外性是指学生校外体育活动进行的时间地点特点，是学生能自由支配的时间并且是在学校以外；而积极性是指学生校外体育活动的结果特点，即学生校外体育活动的结果是学生身心的康复、娱乐和发展。

学生校外体育活动的分类

由于学生的校外体育活动是在学生所拥有的可自由支配时间内进行的，所以，学生的校外体育活动必然表现为多种多样的活动。这些活动的分类方法很多，可以说有多少种分类标准就有多少种分类方法。

如按照效果来划分，可以分为积极的校外体育活动和消极的校外体育活动。积极的校外体育活动是那些对学生的身心健康发展（包括德、智、体、美）有益的活动。反之，则是消极的校外体育活动。

如按参加人数的多少，可分为个人的、双人的、多人的；按活动环境分类，可分为室内的和室外的；按竞赛成分的多少，可分为竞赛的和非竞赛的；按参加者在活动时的身体状态，又可分为相对安静性的和运动性的。

一般情况下，人们都按活动的基本特征把校外体育活动分为下述几类：

眩晕类：此类活动是以获得平常生活中难以得到的身体状态和空间感觉，从而使人感到身体活动的乐趣，如走浪木、荡秋千以及游乐场中各种旋转、上升、下降、俯冲、腾空、滑动、碰撞等。

命中类：此类活动需要计算和控制力量，是思维和体力结合的体现，当命中目标时，会引起人的兴奋和欢愉，如射靶、飞镖、台球、保龄球、门球、高尔夫球等。

节奏类：此类活动的节奏感强，富有韵律，其娱乐性和健身性极强。例如舞蹈、健身操、韵律操等。

滑行类：此类活动以依靠足下使用的器具做出各种滑行动作为主要特征，集娱乐性、趣味性、健身性于一体。大多在户外进行，与大自然亲密接触，还能使身体充分得到自然力的锻炼，如旱冰、滑板、滑水、冲浪、帆板、滑雪、雪橇等。

攀爬类：此类活动中有一部分具有一定的冒险性，是人类为实现自身价值、表现自我的一种超凡行为，有时不惜以牺牲生命为代价，在惊险中磨炼人的意志，在征服自然中追求精神满足，如登山、攀岩等。

除了以上所介绍的以外，还有其他的分类标准。分类的目的在于应用方便，又便于选择，一般不作统一的要求。就本书的实践部分来说，由于选择了日常操作性强、设备简单的体育运动，所以并未按上述一般分类进行归纳，详见后文。

学生校外体育活动的作用

校外体育活动是学生成长过程中，拥有健康体魄不可缺少的一个环节。同学们积极参与校外体育活动，主要有以下作用：

1. 能促进同学们的生长发育和生理健康

中小学学生的身体正处于生长发育期，身体可塑性大，是锻炼身体的"黄金时期"。只要同学们选择合适的体育锻炼内容，掌握适宜的运动负荷，就能有效地促进学生的正常生长发育，如可以促进血液循环，提高心血管及各器官系统的功能。同时还能使供应骨骼的血液更充分，骨细胞生长增强，身高增长加快；肌纤维变粗，体重、胸围、肩宽和臂、腿围都会增大。而对于学生身体发育的某些畸形，如高低肩、驼背、肥胖等，都可以通过一定的体育锻炼手段予以矫正，使学生形成健壮匀称的体格和健美的形体与姿态。但是，要达到这样的锻炼效果，仅仅依靠每周两三节体育课是远远不满足身体需求的。因此，同学们要多多组织参加丰富多彩的校外体育活动。

2. 能促进同学们的心理健康

社会医学表明，现代人生活越紧张，压力累积越明显，长期的抑制会导致心理上的疾病。对同学们来说也一样，学习压力也会导致身体疲惫和心理疾病。而校外体育活动的最大特点是身心的娱乐和调理，它可使学生的心理获得松弛和消遣。因为它不像竞技体育那样追求运动成绩，也不像学校里的体育课那样要遵守刻板的规则和体育老师的安排，而且不要求有规律的系统训练，而是通过自发的随意的体育活动，追求身体的放松和舒服。放松意味着休息和解脱。一天紧张学习后积累的紧张和劳累的恢复休息，也是对个人约束和限制的心理解脱。

3. 能帮助同学们实现学校体育达标

国家相关部门对学生在学校期间的体育都有指标规定，研究表明，仅靠每周两三节、每节 45 分钟的体育课，对于增强学生的体质、改善其健康状况所起的作用是十分有限的，尤其是反映学生体质和健康状况的关键指标之一的耐力素质达标率比较低。这是因为学校体育课的时间并不能充分保证同学们得到有效的锻炼。

这就要求同学们积极参与校外体育活动，参与在课余、在家庭、在社区等时间和空间范围内的各种形式的体育活动，作为学校体育的延续和补充，可以复习巩固提高自己在体育课中所学的体育知识、技术和技能，不断提高运动技术水平和身心发育水平。最终在学校体育要求方面也更易达标。

4. 能帮助同学们更好地适应社会

一个人成长为社会人，需要逐步适应社会生活，这个过程的本质就是角色承担。每个人在这个过程中，逐渐了解自己在群体和社会结构中的地位和价值，学会顺利扮演这角色的本领，熟知自己应该承担的义务。

同学们参加校外体育活动，尤其是集体的或小组的体育活动，有的能承担各种不同的角色，体会决策或服从、组织或被组织、成功或失败等等。虽然这是个模拟过程，但还是能帮助同学们认识和理解各种角色的地位、作用以及角色相应的权利、职责和义务。这种预演式的角色承担，能帮助同学们更好地适应社会。

学生校外体育活动主要场所

在我们国家，校外体育活动是在教育行政部门、体委、共青团、工会等组织的领导和支持下开展的。具体从事校外体育活动的机构、场所有：

1. 少年儿童业余体校

少年儿童业余体校，是在业余、课余时间，对青少年、儿童进行专项运动教学训练的学校。我国业余体校的主要任务是为国家培养德智体全面发展的、具有良好身体素质和一定运动技术水平的优秀运动员后备人才，为开展群众体育活动培养技术骨干。业余体育学校由各级体委举办的约占95%，其余由体委和教育部门联合举办，或者由工矿、企业、少年宫、高等院校自办。

2. 少年宫

少年宫是校外活动的重要场所，一般设有体育部，通过讲座、电影、表演等各种形式，宣传体育活动的重要意义，组织开展群众性的体育活动和竞赛，如远足、军事游戏、跳橡筋表演、跳绳比赛、小足球比赛等。少年宫通过举办少先队辅导员和体育积极分子训练班，培养体育骨干。有条件的少年宫还组织某些运动项目的业余训练，培养少年运动员。大城市除在市里设有少年宫外，在各区还设有少年之家，街道设有活动站。

3. 体育场（馆）

体育场指有 400 米跑道（中心含足球场），有固定道牙，跑道 6 条以上，并有固定看台的室外田径场地。体育馆是指室内进行体育比赛和体育锻炼的建筑，一般分为比赛馆和练习馆两类。在这些体育场馆中，同学们可以得到体育教师或场馆辅导员的指导，接受某项运动的专业训练，还可以进行《国家体育锻炼标准》的测验和运动竞赛。

4. 其他场所

除了上述三种场所，公园或广场的游乐场、运动场也都是同学们参加校外体育锻炼的好地方。游乐场通常会有跷跷板、旋转木马、秋千、单杠、双杠、滑梯、吊秋千、吊环、玩具小屋及迷宫。这些游戏能够帮助少年儿童发展协作能力，使身体强健及学会处世技巧，而且又可提供娱乐及享受。而运动场会由有关人员负责组织少年儿童进行游戏、竞赛和利用自然条件进行体育锻炼。

学生参加校外体育活动应注意的问题

校外体育活动是同学们自发自主参加的锻炼活动，除了去特定的运动场所，大部分校外体育活动都是三五好友一起进行的，缺乏成人的指导与保护，这里就列举一些基本的注意事项：

1. 科学地选择合适的活动项目

进行体育运动，提高运动能力要遵循一定的原则，这是人们长期实践经验的总结。只有认真遵循以下原则，才能达到锻炼身体增强体质的目的，尤其是给自己制定校外体育活动内容，更需要遵循科学规律。

（1）选择校外体育活动要兼顾全面运动

中小学生正处于身体发育高峰阶段，选好自己合适的主要运动项目以后，还要采用多种方式，参加多个项目，不宜早早开始专项训练。只有全面发展，才能使身体的各个部位、各器官系统的机能、各种身体素质（速度、力量、耐力）等均匀发展，促进身体正常生长发育。

（2）从实际出发选择合适的项目

从实际出发，根据个人的年龄、性别、健康状况和身体锻炼水平，确定运动的内容、方法和负荷。中小学生应根据个人的情况，合理选择运动项目，制订运动计划，安排适宜的运动负荷。同时，还要考虑外界环境等因素。如有的同学家住公园附近，周围自由活动空间较大，则可养成早起习惯，到公园做徒手操、短跑等活动。如果家里住的地方交通拥挤，不便锻炼，就最好不要选择在马路边跑步，一则精力难集中造成危险，二则空气不好，心情不愉快。你可早点到学校锻炼，学校一般环境较好，清洁优雅。总之，要做到心中有数，选择合适的运动项目。

（3）长期的活动规划要做到循序渐进

这就是说指体育运动的内容、方法、运动负荷的安排与加大应有合理的顺序，应反映身体锻炼发展过程的必然性，按合理的顺序逐步提高。初次规划自己校外体育活动的同学，应该从短到长安排运动时间，选择的内容要由少到多，技术由易到难。例如，打算在校外练长跑的同学，开始阶段跑的距离不要太长，跑的速度不要过快，可以走和跑交替进行。跑的次数增加了，能力提高了，就可以逐渐少走多跑，由慢到快，天长日久，体质就会增强。如果不注意循序渐进，盲目进行自己力所不及的体育运动，就会适得其反，会因为遇到的困难而放弃校外体育活动。

(4) 选好活动项目后要做到持之以恒

进行体育运动，只有持之以恒，才能收到良好的效果。体育运动的基本技术、动作要领只有反复经常进行练习，才能达到熟练程度，转化为自己的技能。中小学生所处的年龄段正是精力不易集中，兴趣转移快，易于"三天打鱼，两天晒网"的阶段，这就要求中小学生严格要求自己，有意识培养自己的意志和持之以恒的做事原则。强健的体魄和高度身体活动技能绝非一朝一夕的锻炼所能达到的，也不是靠锻炼一阵子就一劳永逸的，只有量的积累才能发生质的变化。

2. 进行较激烈的运动前要做准备活动

中小学生的心脏功能还比较弱，进行较激烈的运动前必须要做好准备活动。这是因为人体从安静状态转入剧烈的运动状态，需要一个动员和适应的过程，好像汽车、火车刚开始不能开得很快一样。准备活动的作用在于使神经系统的兴奋状态提高到 定的水平，促进心脏和肺功能逐渐加强，血液循环和气体交换得到改善，新陈代谢旺盛，以便更加适应运动时的生理需要；准备活动还能使肌肉、关节的毛细血管扩张，增加血流量，提高肌肉的收缩力和弹性。这样能够预防运动损伤。

准备活动有两种：一种是一般性活动，像跑步、踢腿、弯腰等，中小学体育老师在体育课上一般会教授一套准备活动操，同学们一定要认真学会，运动前仔细做好；另一种是专项活动，像打篮球前先练投篮、运球、赛跑前先慢跑一段，游泳前要在陆地上练习划臂蹬腿等。冬天天冷，场地硬，人体的肌肉关节不活软，血液流通相对缓慢，准备活动时间应长一些，以身上微热而不出汗为宜，切莫不做准备活动就投身到剧烈的运动中去。

3. 饭后不要立即参加剧烈运动

有的同学喜欢一吃完饭马上就去运动场，参加踢足球、打篮球等运动，认为这样能抓紧时间锻炼身体，有利于消化，其实，这是不对的。人体是在中枢神经的统一调节下工作的。刚吃完饭，肠胃的副交感神经开始兴奋，使胃肠蠕动增多，消化液分泌旺盛。如果这时参加剧烈运动，就会使副交感神经处于抑制状态，而使运动交感神经处于兴奋，这样消化系统的活动就受到抑制，吃下去的食物就不会很好地消化和吸收。

人体消化食物，需要消耗养料和氧气，血液循环是运输养料和氧气的。但是，饭后一旦参加剧烈活动，大量的血液流向肌肉，养料和氧气就会集中在肌肉里，真正最需要氧气和养料的胃肠，却反而得不到多少。所以饭后参加体育运动，尤其是剧烈运动，对身体是有害的。

一般来说，经常参加锻炼的人，饭后30分钟，可以参加一些轻微的活动；不经常参加运动的人，饭后1小时参加运动为宜。

4. 负荷大的运动后不能大量喝水

在进行负荷较大的运动以后，身体会大量出汗，口腔内的唾液分泌相对减少，咽部黏膜干燥使人强烈地感到口渴。有些同学在这种时候，便不顾一切狂喝一气，这样不但不能解渴，而且对身体不利。

因为人体血液中必须含有定量盐分，才能维持正常的生理过程。运动过程中大量出汗，汗里带走了很多盐分，喝进过多的水，不仅会冲淡血液中盐的含量，而且喝进的水很快变成汗排出体外，这样又带走了很多盐分，破坏了人身体中的盐水平衡，还可能造成血液浓度失调，肌肉不能保持正常活动时，心脏必须把更多的血液送到运动器官，大量喝水，会使更多的水分进入血液，给心脏增加负担，加速疲劳出现。此外，大量喝水，还会冲淡胃内的消化液，影响食物的消化和吸收，经常如此，容易患慢性肠胃炎。有的人在剧烈运动后大量喝冷饮或凉水，这样同样达不到解渴的目的，相反胃肠受到冷的刺激，蠕动增强，往往容易引起腹痛或腹泻现象。

那么，进行剧烈运动后出现口渴应该怎么办呢？首先应当明确，最初渴的感觉，主要是咽部黏膜干燥，并不是血液缺水，因此尽量用意志来克服，实在渴得不行，可以用水漱口或喝入少量的水，最好是淡盐水。出汗量很大时，应采取少量多次补充水分的方法，弥补由于身体排汗过多而失去的盐分和水分。

5. 要做到玩物不丧志

适宜校外进行的体育活动，除了常规的体育锻炼，有很大一部分是寓练于乐的体育游戏。这些体育游戏一般都是和伙伴们一起玩，大家极有可能玩得开心，忘记吃饭或者做作业。

这种情况下，就需要同学们有自己的时间计划，有自制力，不能贪玩。最好是和伙伴们约好时间，并找一只闹钟定个时间，时间一到就要尽快结束。这样还能提高自己的自制力，在玩的时候不耽误正常的生活和学习。

6. 及时有效地缓解疲劳

参加体育运动后，不少同学会感到很疲倦，回到校舍或家里后，不想吃也不愿洗，倒在沙发或床上就休息了。这样做，不仅不易解除疲劳，而且对身体健康也毫无益处，那么该怎么办呢？应该尽量做到以下几点：

（1）用温热水洗脸洗脚，有条件的话，待汗水揩干，稍稍休息一下，然后，洗一个淋水浴。人体在温水如细雨的喷雾下，犹如为全身做了按摩。还清除了汗孔上的积垢，精神将为之一振。

（2）及时供给营养很重要，保证按时进餐。因为参加运动后，体内能量消耗很大。如果当时肚子很饿，就不宜洗澡，应先洗洗脸和手，补充食物和水分。但不能狼吞虎咽似的吃得过快、过饱。至少在餐后半小时以上，才可洗澡。

（3）做身体放松运动，对四肢、两肩等各部位，分别做轻轻按摩，促使血液循环和肌肉放松，达到减轻疲劳，恢复体力。

（4）为解除疲劳，介绍一组肌肉放松的方法：

①仰卧，屈腿、屈臂，两手紧握放在胸前。上体抬起，收紧胸部及两臂肌肉保持5～6秒钟。还原成仰卧姿势，全身放松。紧张肌肉前吸气，放松时呼气。

②仰卧，吸气。举臂、举腿，保持5～6秒钟。然后放下，全身呈放松姿态，呼气。

③俯卧，吸气、屈腿。两臂后伸，紧收背部肌肉，保挣5～6秒钟。放

下两臂，伸直两腿、呼气。

④坐姿，吸气，屈腿，屈臂。紧收腹肌、臂肌和腿肌，保持 5～6 秒钟。放下两臂，伸直两腿，呼气。

⑤站立，上体前倾，两臂侧后伸。紧收背肌和臂肌。臂前屈，紧握拳，紧收臂、肩、胸肌。直立，两臂上举，紧收全身肌肉，保持 5～6 秒钟，放下两臂，放松，上体前倾，呼气。

⑥站立，前举单腿，屈臂，紧握拳。紧收全身肌肉。向前向上举腿，两手抱膝，全身肌肉紧张。单腿后举，屈臂握拳，保持 5～6 秒钟。放下腿及两臂，抖动。左、右腿交换做。

⑦屈膝下蹲，两手握踝部，吸气，全身肌肉收紧，持续 5～6 秒钟。站立，全身放松，呼气。抖动四肢。

以上各点，如在运动后坚持练习，对于消除疲劳、恢复体力是很有效的。

奔跑类体育活动指南

从追逐野兽起，奔跑就成为人类最早开始的一种锻炼。不论是校内还是校外，奔跑类体育活动是同学们锻炼的最主要的方式。而发展奔跑能力是田径体育课上重点教学内容之一，参加者的奔跑能力是在日常生活中各种走和自然跑的基础上发展起来的，是发展体能的活动与内容。这里介绍的适合在校外锻炼的奔跑类体育活动，主要是通过各种形式的自然奔跑来使参加者发展灵敏速度、一般耐力素质，提高奔跑能力，并促使参加者身心得到全面的发展。

齐心协力

【适用】

小学低年级

【方法】

画一个长方形，选四个人做"猎人"，分别站在场地的四角，其余的人在场内自由活动，如图所示。

发令后，"猎人"立即进场捉人（追

11

拍），场内的人设法躲闪，或三个人拉起手团结起来躲过追拍。凡被捉到者要暂时退出 。进行一定时间再另选四个"猎人"，重新开始。

【规则】

1. "捉"人时，只能轻拍，不得用力推、拉。

2. 被拍到的人主动到场外，等下一次 开始再参加。

3. 不得追拍三个拉手的人，两人拉手无效，仍可被追拍。

4. 场内的人躲闪时不得跑到线外，不得长时间手拉在一起。

拾物追拍

【适用】

小学低年级

【方法】

在场上画两个相距 5～10 米、直径约 1.5 米的圆圈。参加的人由排头两人分别拿一物件（沙包或实心球）站在各自的圈内，如图所示。

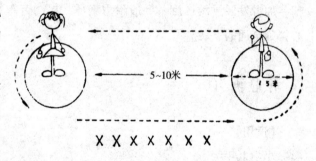

圈内的人迅速把手里的物件放在自己的圈内，然后按逆时针方向跑到对方的圈内拾起物件，仍按逆时针方向跑回自己圈内，放下拾来的物件后，迅速追击对方或把对方拾走的物件取回，直到一方被追拍上再换第三人继续进行。

【规则】

1. 拾放物件时，必须放在圆圈内，压线算失败。

2. 追拍时，必须按一个方向跑动，不许迎头截拍，也不许猛拍、推人。

夺红旗

【适用】

小学低年级

【方法】

画两条相距 15～20 米的平行线，线后 1 米处各画一条预备线。把参加者分成人数相等的四个队，站在预备线后，每队的前面插一面小红旗，场地的中间插一面小红旗，如下图所示。

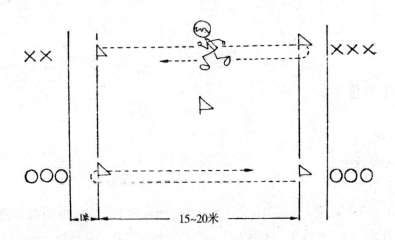

发令后，各队第一名迅速前跑，绕过对面的小红旗，回来拍本队第二人的手，然后站在队尾。依次按上述方法进行，最后一人绕过小红旗后，迅速跑向场中间夺取小红旗，以先夺到红旗的队为胜。

也可以让参加者站成如下页图所示队形，最后一人跑去夺红旗。

【规则】

1. 各队都按逆时针方向绕旗。两人迎面跑相遇时，都要向右让路。

2. 必须绕过小红旗，并不得碰倒。

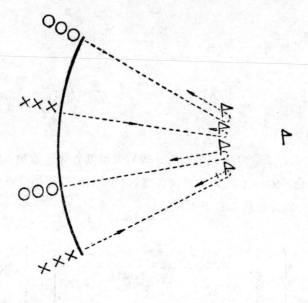

栽树苗

【适用】

小学低年级

【方法】

画一条起跑线，在线前每隔5米处画一组（两个）直径约50厘米的圆圈，共画四组，每组在一个圈内放一棵小树苗（可以用其他物或画代替）。

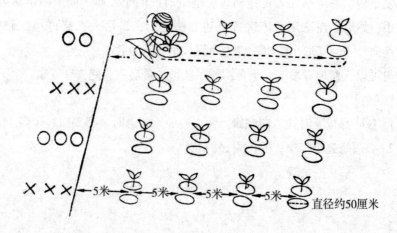

把参加者分成人数相等的四个队，分别站在起跑线后。

发令后，各队排头迅速前跑，依次把圆圈内的小"树苗""移栽"在另一圆圈内，然后跑回本队拍第二人的手，然后站在队尾。第二个人按同样的方法进行，直至全队做完为止。以"栽"得快、跑得快的队为胜。

【规则】

1. 必须把小树"栽"直（摆正）才能跑。
2. 第二人在拍手后才允许越线跑出。

插红旗赛跑

【适用】

小学低年级

【方法】

画一条起跑线，线前12～15米处画一条与起跑线平行的线，线上并排放若干组瓶子（每组两个，其中有一个瓶内插一面小红旗），每组瓶子之间相距30厘米。把参加者分成人数相等的若干队，排成纵队站在起跑线后，如图所示。

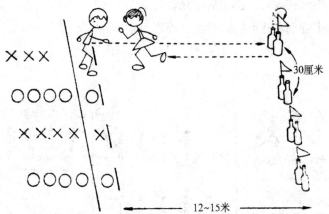

30厘米

12～15米

发令后，各队排头向自己对面的瓶子跑去，把红旗换插到另一瓶内，跑回本队拍第二人的手。第二人用同样方法进行。最后以把小红旗插得准确、跑得快、瓶子未倒的队为胜。

【规则】

瓶子倒了要扶好再进行，否则算犯规。

穿过小树林

【适用】

小学低、中年级

【方法】

画两条相距 20~25 米的平行线，从甲线到乙线平行放两行相距 5 米左右的小木柱，每行 5~7 个，柱间距离 2 米。把参加者分成人数相等的两队，每队分甲、乙两组，分别站成一路纵队，相对站在线后，如图所示。

发令后。各队的甲组第一人绕小木柱沿曲线跑向本队的乙组，并拍乙组第一人的手，自己站在乙组的队尾，乙组的第一人同样地跑向甲组，拍甲组第二人的手。依次进行。最后以先跑完为胜。

可以用标枪、竹竿、手榴弹或实心球等代替小木柱，可称为"穿过树林送情报"、"送鸡毛信"等。

【规则】

1. 必须站在线后，拍手后才允许起跑。

2. 途中碰倒木柱要扶好再跑，否则为犯规。

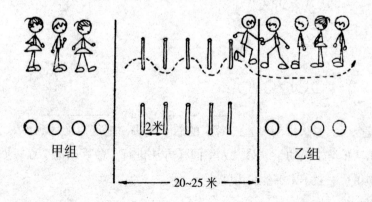

甲组　　　　　　　　　　　　　　乙组

20~25 米

换物赛跑

【适用】

小学低年级

【方法】

画一条起跑线，线前 15～20 米处，并排画四个圆圈（或放四个铁环），各圆圈间隔 3 米，圈内放一小木柱。把参加者分成人数相等的四个队，站在起跑线后，各队排头手拿一个小沙包站在线后，如下图所示。

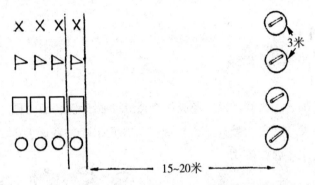

发令后，各队排头迅速前跑，把沙包放到圈里，同时拿起小木柱跑回本队交给第二人，自己站在队尾；第二人跑到圈里放小木柱，取回小沙包，交给第三人。如此依次进行。以先跑完的队为胜。

你们还可以采用迎面接力跑的方式。各队分成两组，对面站立，将圆圈画在场地中间，换的物件可根据情况安排，如下页图所示，换物后跑向对面交给排头，自己站到排尾。为加大运动量和难度，也可让参加者连续几次换物。

【规则】

1. 接到物件后才准许起跑。

2. 物件必须放在圈内，滚出或压线，必须重新摆正。

17

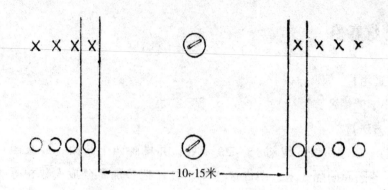

10~15米

丢手绢

【适用】

小学低年级

【方法】

根据参加者人数的多少，走成一个或几个圆形队，面向圆心蹲下或坐下。选一个发令官负责喊开始，再选一个或几个参加者做丢手绢的人，手里拿着手绢，站在圈外，如图所示。

发令官发令后，丢手绢的人围绕着圆圈走或跑，乘人不注意，把手绢悄悄地丢在任何一个人的身后，然后继续向前走或跑。圆圈上的人发现了自己身后有手绢，立刻拾起来去追拍丢手绢的人。丢手绢的

人在跑到拾手绢的人位置之前如被追（拍）上，则继续做丢手绢人；如未被迫（拍）上，则拾手绢的人换做丢手绢的人。如此轮流做下去，直到大多数人都做一次为止。

【规则】

1. 不能把手绢丢在两个人中间。

2. 追拍的人不能推、拉人。

叫号赛跑

【适用】

小学低、中年级

【方法】

画两条相距 10～15 米的平行线，一条为起跑线，一条为标志线。在标志线上每隔 2 米插一面小红旗，共插四面。把参加者分成人数相等的四队，站在起跑线后，正对一面小红旗。各队分别报数之后，每人记住自己的号数。

发令官任意呼一个号数，如："2 号!" 则各组的 "2 号" 立即向小红旗跑去，绕过小旗

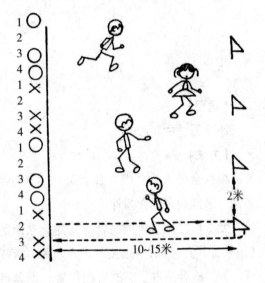

2米

10～15米

迅速跑回起跑线，快者得一分。如此继续进行，以得分多的队为胜。

也可让参加者分两队，每队按顺序报数，两队相同号的人为一组站成如下页图所示队形。发令官任意呼一号数，被呼到的号数相同的两个人同时向相反方向跑绕一周，先跑回原位的人为胜。

【规则】

1. 没被呼号的人，不得越过起跑线。

2. 不得移动或碰倒小旗。

✎ 挑　战

【适用】

小学低、中年级

【方法】

根据全班人数，把参加者分成若干小组，分别站成圆圈，面向圆心，各选一名挑战者站在圈外。

发令后，挑战者逆时针方向跑，在跑的过程中，向圈上的任何人挑战（拍其背部），然后继续按原来方向跑，应战（被拍）者要尽力去追赶挑战者。如挑战者抢占了应战者的位置，即是胜利，应战者变为挑战者；如挑战者抢不到位子或被追上，则继续当挑战者，继续进行。

【规则】

1. 挑战者只能在圈外跑，但也不能离圈太远。

2. 挑战者和应战者拍人时，都不能用力推、拉人。

✎ 套圈赛

【适用】

小学低、中年级

【方法】

画一条起跑线，把参加者分成人数相等的四队站在线外。在各队起跑线前每隔5米画一个直径1米的圆圈，共画四个，每个圈内放一个铁环。

发令后，各队排头迅速向前跑，依次跑到四个圈内，拿起铁环从头上套到脚下（或从脚下往上套），再将铁环放到原位，然后跑回起跑线，拍第二人的手，第二人按同样方法继续做，最后以先完成的队为胜。

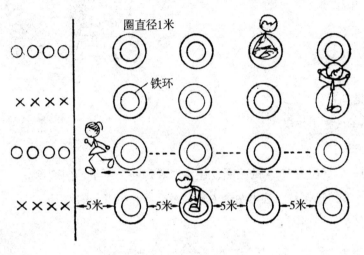

【规则】

1. 完成套环动作之后，必须将铁环放在圆圈内，不得压线和出线。

2. 第二个人必须在与第一个人拍手后才许跑出。

找同伴

【适用】

小学低、中年级

【方法】

参加者排成圆形队或纵队。

开始，参加者沿圆圈慢跑，在行进中，发令官突然发出口令："×人一组！"参加者立即按照口令规定的数目去找朋友，组成若干小组，剩下的人为失败，如图中三人一组，剩下的即为失败。然后各小组散开，仍沿圆慢跑，发令官再发出口令，继续。

还可让参加者往圆内自由活动，听到口令后，迅速按规定的人数拉起手来成若干组，剩下的人为失败。

【规则】

不能推人、撞人或从已经找到同伴的人中拉人。

贴　人

【适用】

小学低、中年级

【方法】

画一个直径为10米的圆圈，让参加者每两人一组沿圆圈站立（二人一前一后，面向圆心）。选出两个人分别做追者和逃者，如下图。

发令后，追者在圈内外追拍逃者，拍着逃者时，则调换角色继续进行。逃者可根据情况灵活地贴近任何一对参加者的身前"隐蔽起来"，这时本组最后面的人要迅速跑开做逃者，按上述方法连续进行。

还可以让参加者站成如下图所示队形。做法是当逃者站在任何一人或二组的边上，另一人或另一边的人就成为逃者。还有一种做法，如果四人一组，则其中三人可组成一个"窝"（手拉手高举），中间站立一人，当逃者钻进"窝"内，原"窝"内的人就代替逃者。

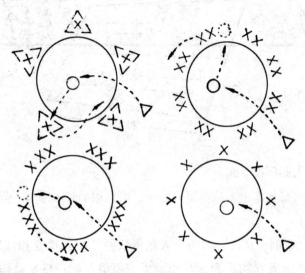

【规则】

1. 逃的人不可离圈太远，不许站在两个人的后边或中间。

2. 追者不得推、拉人。

结伴赛跑

【适用】

小学低、中年级

【方法】

画长 20～25 米的两条跑道，跑道的宽度为 2 米。把参加者分成人数相等的两队，每队再分甲、乙两组，各组排成一路纵队在跑道两端线外站好，如图所示。

发令后，各队甲组的第一人立即向本队乙组跑去，挽着乙组第一人的手，两人一起再跑到本队甲组处，甲组第一人拍第二人的手后到队尾站好；乙组第一人再与甲组的第二人挽手跑到本队的乙组，拍第二人的手后站到队尾；甲组第二人再与乙组第二人挽手跑回本队甲组。以此方法做结伴接力赛。先跑完的队为胜。

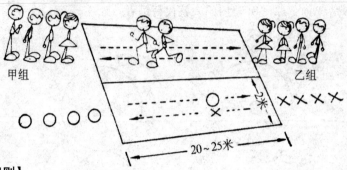

【规则】

1. 两个人必须挽手跑。

2. 拍手时必须本组人拍本组人的手，而且拍手时不得越过起跑线。

注意事项：

做这个活动时，往往会因两个人跑得快慢不一致而互相埋怨。发令官要注意教育参加者互相配合，互相帮助，团结友爱。只要动作协调一致，就可以跑得又快又好。

争　人

【适用】

小学中、高年级

【方法】

画两条相距 20米的平行线，一条为起跑线，另一条为预备线。在距预备线中点 1 米的场内画一个直径 50 厘米的小圆圈。把参加者分成人数相等的三个队，第

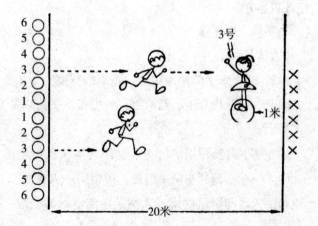

一、第二队在起跑钱外站成一列横排，由中间向两侧依次报数，各队队员要记清自己的号数；第三队成横排站在预备线外，报数后每人记住自己的号数。

开始，第三队的 1 号队员站在圆内，面对一、二队队员。发令后，第三队的 1 号队员呼任一号数，如喊"3 号"，则一、二队的 3 号队员便迅速前跑，争取先拍及站在圆内的队员，并拉手把他带回本队，站在队尾，3 号队员各回原位。然后第三队的 2 号队员进入圆内，按同样方法做。每队都轮到第三队的位置上做一次以后，以争人最多的一队为胜利。

【规则】

1. 站在圆内的人要诚实、公正，谁先拍到自己就要跟谁跑去。
2. 听错号误跑者，争得人无效。

追持球的人

【适用】

小学中、高年级

【方法】

利用排球场或篮球场的半个场地，准备一个球，选一个参加者持球站在场内，其他人做追者分散站在场地边线外。

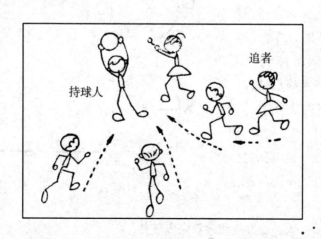

发令后，追者去追拍持球人，持球人尽力设法躲闪，紧急时可把球传递给场上的任何人，这时追者需立即改变目标，去追拍新的持球人。如持球人被拍中，就与追堵交换角色，重新开始。

可根据人数，同时组织若干组进行，每组人不宜太多。

【规则】

1. 持球人球已出手。被拍无效。

2. 传递球时，传递给谁，谁必须接球，但只能传递到对方手中，不得抛给对方。

3. 都不得出界。

＼ 转炉炼钢

【适用】

小学中、高年级

【方法】

画两个直径 3 米的圆圈，圈前 15 米处画一条终点线。把参加者分成人数相等的两队，分别拉手站在圆外。

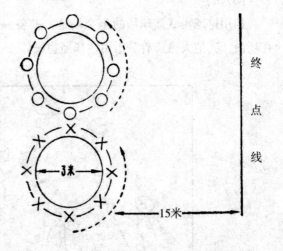

发令后，各队按逆时针方向转动，发令官突然发出"出钢水"的口令，各队迅速边跑边依次排成一路纵队，跑过终点线后站好。以先完成任务的队为胜。

【规则】

1. 跑成一路纵队时，必须依次排好，不得乱跑，否则算违例失败。

2. 最后一人跑过终点线才算完成任务。

桥上换位

【适用】

小学高年级

【方法】

画两条相距 15 米的平行线，两线中间并排设置两条长凳为"桥"。把参加者分成人数相等的两队，每队分成甲乙两组，各排成一路纵队相对站在两条线外。

发令后，各组排头迎面跑到"桥"上，当两人相遇时，快速交错通过后跑到本队的另一组，站在队尾，第一人踏线后第二人继续做。依次进行，以先做完的队为胜。

也可以在场中画一个适当的圆圈代替桥，两人必须在圆圈内交错，不得踩线。

【规则】

1. 两个人在"桥"上交错时如落地，必须重做。

2. 必须在"桥"当中交错。

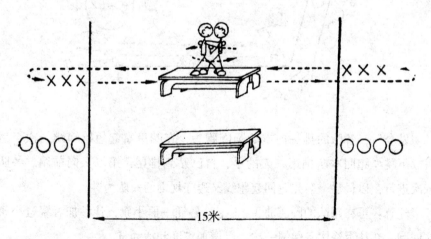

BENPAOLEI TIYU HUODONG ZHINAN

跑得快、跳得好

【适用】

小学中、高年级

【方法】

画一条预备线，在预备线前画一条起跑线，在起跑线前 15～20 米的地方，并排画四个半径为 1 米的圆圈，圈里各放一条短跳绳。把参加者分成人数相等的四队，分别站在预备线后，各队的排头站在起跑线后，对正本队前面的圆圈。

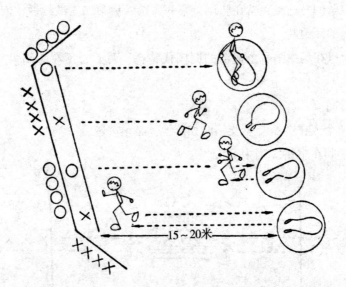

15～20米

发令后，各队的排头向本队圆圈跑去，在圈里拿起短跳绳跳三次，然后放下跳绳跑回本队拍第二人的手，自己站到排尾，第二人向前跑。各队依次进行，以最后一名先跑回起跑线又遵守规则的一队为胜。

注意：可在每队的圆圈前 3～4 米处各插一面小旗，让参加者绕过小旗往回跑，在往返途中各跳绳一次，以增加难度和活动量。

【规则】

1. 不允许抢跑。

2. 在圈内必须按规定的次数跳绳，跳绳后必须把绳放在圈内，不得扔在圈外。

骑马赛跑

【适用】

小学高年级、初中男生

【方法】

在场上画两条相距 15～20 米的平行线，一条为起跑线，另一条为终点线。将参加者分成人数相等的若干队，各队 1～4 报数，分成每四人一组，成纵队站在起跑线后。1 数参加者在前做"马头"；2、3 数并并排站在 1 数参加者后面，各用内侧臂搭在 1 数参加者的肩上做"马鞍"，另一只手与 1 数的手拉住做"马蹬"；4 数参加者可踏"马蹬"上马，骑坐在"马鞍"上，脚踏"马蹬"。

预备时，各组"上马"。发令后，各组迅速向终点跑去，先到者为胜。第二次，终点线改为起点线，起点线改为终点线。

【规则】

1. 发令后，才能越过起跑线。

2. 不能随意松手，中途失误的要重新搭好"马"，"骑"上再继续跑。

织布机

【适用】

小学低年级

【方法】

画两条相距 10 米的平行线，一条为起点线，一条为终点线。把参加者分成人数相等的四队，每队三人一组，三人两手交叉互拉站在起点线外。

发令后，每三人交叉拉手，套转（仿织布机转动），发令官突然发出"出布"信号，每三人手拉手（单手）成一条直线（一列横队），迅速跑到

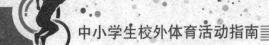

终点线外，以先到的为胜。

【规则】

1. 发令后才能越线起跑。

2. 三人模仿机器转动和跑动时松手为失误。

二人三脚赛跑

【适用】

小学四、五年级

【方法】

赛跑者二人为一组，用手帕把两人里面的脚脖子绑住，里面的胳膊也合拢起来，跑步的步调要一致。在里面被绑住的脚成为一只脚，并以无数组为单位，在一定的距离内赛跑，如果绑脚脖子的绳子掉了，就马上停止重新绑好后再进行比赛

拔旗赛跑

【适用】

小学低年级

【方法】

画一条起跑线，在离起跑线间隔 20 米左右的地方，并排以相距 2 米的距离插标旗。每次以 5～6 名的人数进行，并分别站在起跑线后面。发出信号之后，赛跑者跑到前方插旗处拔旗再快速跑回来。规定赛跑者必须按着与自己相同的位置进行赛跑。

团体接力的方法为：全体人员分为红白两组，只把红白两种旗子插在前面，各组成员都站在起跑线之后，并列排成一列纵队，各组面向本组的旗子。发出信号之后，各组的第一名开始起跑拔旗并返回本组，传给下一个人。下一个人同样进行赛跑，全部最快完成的组为胜组。

"友谊比赛"

【适用】

小学三至六年级

【方法】

红、白两组，每组为7~8个人。在7人当中，除了1人留在起跑线后面之外，其余的人从起跑线拉开适当的距离，站在自己一侧的圆周6杆标旗的旁边每个人的位置上。信号发出后，双方赛跑的人同时开跑。当跑到圆时，必须边跑边各自绕自己一方圆周上的标旗蛇行跑。

这时，每个标旗旁边的人手拉手地前进，从最后边的标旗迂回到中间跑道上，7个人手拉手按原路快速返回起跑线上。但拉手跑时手不能松开。最后快速返回的组为胜。如果在比赛中旗碰倒了，就把旗重立起来之后再跑。跑的距离要适当按照跑者的年龄、体力来规定。

逆时针赛跑

【适用】

小学四年级以上

【方法】

在地上相隔5米左右画两个大小相等的圆。参加参加者平均分成两组，分别面朝内围在属于自己一方的圆外。各组分别报数编号。准备完毕后，裁判突然喊出任意一个号码（两组编号是相同的），开始，被喊到者立即跑出，逆时针绕本组外侧一周跑回原来位置并用手轻拍右边同伴后背；被拍到者立即跑出路线同前，以下各人顺次继续。按各组最后一人跑回自己位置的先后确定胜负名次。

各人跑的圈数可以是一圈，也可以规定为两圈或若干圈；绕圈方法可以是跑，也可以双脚跳、单脚跳等。

喊番号

【适用】

小学四年级

【方法】

在地面上间隔4～5米画两条平行线。

参赛者分成两组，首尾相对，面对面站在平行线上，从队首开始排番号。

裁判员高声随便地减一个番号，被喊到号的两组组员立即离开自己的位置，围着本组队列跑一圈，再回到自己原来的位置上。先到达的组得1分。以这种方法继续，全组人员完成时，比较一下两组的分数，多者为胜。

裁判可以同时喊2人或3人的番号。被喊到番号的人手拉手绕着本组队列跑，但裁判喊的番号必须是连着的，如3、4、5。有的组为了节省绕本组一周的时间，故意地缩短队列的距离。为了避免这一点，可以在每人位置上画一圆圈。

参赛者多时，可分成若干组。

逆联手赛跑

【适用】

小学三、四年级

【方法】

两人为一组，站到起跑线上，一人脸朝前，一人脸朝后，两人内侧的手握到一起，两人手拉手跑。如果在途中谁的手松开了，就要重新握住再继续跑。以各组到达终点的先后决定胜负。

搬运球

【适用】

小学低年级

【方法】

参赛者分成两组，在各组队尾处放一筐。在起跑线前方40米处画一直径1.5米的圆，把2倍于参加人数的球放到圆圈内。

听到"开始"的号令，参赛者全体出发，跑到圆处。每人拿一只球返回，扔进本组筐内，然后再跑到圆处拿一只球跑回，扔进筐内。然后在起跑线上各组整队，以最先排好队列的组为优胜。

花名赛跑

【适用】

小学低年级

【方法】

将樱、梅、桃、山茶、海棠等花名写到小纸片上（每种花名写5张），每种花名再准备5面小旗。一次比赛为25人，一齐站到起点上。在起点前方约15米处将写好的纸片放好，再隔15米，将准备好的小旗插上，每5个小旗为一组，每隔一段插一组。开始后，25人同时起跑，每人拣起一张纸片，按花名跑到插小旗处，拿起一面小旗，一组5个人手拉手跑到终点，最快的组获胜。

假面赛跑

【适用】

小学三、四年级以上

【方法】

参赛者在起跑线上排成一列横队，听发令声后一起起跑，途中拾起放在一定位置上的假面具，将之覆盖在脸上，跑到终点。假面具用报纸也可以，使用报纸时不用绳子，而是凭借跑动时的风力使报纸不掉，假面具的眼孔可大一些。使用报纸覆面时，除非假面掉下，否则不许用手接触。

搬天秤赛跑

【适用】

小学中年级男生

【方法】

在各参赛者前方约 20 米处放一根竹竿。竹竿前 15 米处，放 4 只重量相等的沙袋，每两只沙袋捆在一起。在沙袋前 16 ~ 20 米处，画一条决胜线。口令发出，参赛者向前疾跑，跑到竹竿处，迅速拿起竹竿，接着跑到沙袋处，将两只沙袋挂在竹竿前、两只挂在竹竿后，然后扛着竹竿沙袋跑向决胜线，以到达决胜线的先后顺序决定名次。

"警察" 与 "小偷"

【适用】

小学中年级以上

【方法】

将全部参加者平均分成两组，一组为"小偷"，一组为"警察"。以若干距离为间隔画三条平行线。"小偷"蹲在中间那条线上，"警察"站在另外两条线任何一条线上。口令发出后，"小偷"组立即站起向安全线方向（"警察"没有站的那条线即为安全线）疾跑。与此同时，"警察"则全速追击"小偷"，并力图追而捕之。然后两组交换位置，"小偷"变"警察"，"警察"变"小偷"，做法如前。数次轮换之后，比较没被捉住的"小偷"人数，以分出胜负。

结伴赛跑

【适用】

小学低中年级

【方法】

这个赛跑有3种做法：

（1）将全部参赛者排成两列横队，报数决定每个队员的号码，并使其默记本人号码。其后，前排向前走出20步，向后转与后排相向而立。听到口令后，后排同学立即向前跑出，找到自己同号码的伙伴，手拉手一起跑回原来队列处。以先后顺序决定名次。

（2）准备顺序与（1）相同，当后排队员站好之后，组织者可让后排队员做一些体操动作或四面转向的动作。其后，指挥者见机发出"散开"的口令。听到口令后，后排队员立即散开，并各自跑向与自己号码相同的前排队员前，再拉着手跑回原出发线。以先后顺序决定胜负。

（3）将全部参赛者平均分成两组，各组以30米为间隔，成一列横队相向而立。各队右端排头手持一面旗子向前走出10步后再向右转走出15步，并将手中旗子插在那里。听到口令后，各组排头手拉着第二名队员的手向旗方向跑去，跑到插旗处，排头队员在旗的左边站住，并向后转。第二名队员绕过排头跑回本队，拉住第三名队员的手按来时路线，跑到排头左侧站下。第三名队员跑回本队拉第四名队员的手再跑。以下重复进行，直至最后一名队员。以先完成组为胜组。

✎ 穿拖鞋竞走

【适用】

小学低年级

【方法】

采取15米左右的直线竞走方法。为竞走人准备大人用的大拖鞋，在出发线前边，每个竞走人设一个绕行目标，竞走人每人领一双拖鞋穿上，在竞走线上待命。根据起跑命令出发，跑时尽量别掉鞋，绕行前方的目标，回到起跑线。按其速度最快的顺序确定胜者的名次。中途掉鞋时，就地穿好继续前进。

这种竞走之所以能称为是个好主意，就在于穿容易掉的大拖鞋竞走。

为了保持竞走状态不掉拖鞋，要使拖鞋贴着地面擦着走。在室外运动场进行容易起尘土，所以不适宜，最好是在体育馆内进行。

报数追拍

【适用】

中小学生

【方法】

全体（20～50人）报数后，各人记住自己的号数，绕成一个圆圈，每人取1.2米的距离，面向内站立。选一人为追拍者，站于圆的中央。

发令后，追拍者任报一数。该数的人应声"有"，即逃跑，追拍者马上追赶。未应"有"之前，不得追拍。逃跑者能任意绕圈内外奔逃，不论方向，但不准越出圈外2米以上，并可随时做各种奇巧的动作（如单足跳、爬行、翻滚等），以表现一个逃跑者是不择路径的。追拍者则要立即一一仿做，不能马虎。追拍者触及逃者身体任何部分为成功，被拍者代为追拍者。如追拍者经久拍不着，可请求受罚免做，另选人代任。

抬轿赛跑

【适用】

小学高年级男生

【方法】

3人组成一组，其中1人扮坐轿人，其他2个人扮抬轿人。方法是：2个抬轿人并排站着，2个人外侧的手交叉握好。里侧的腿膝盖跪在地上。坐轿人从后面坐到抬轿人握在一起的手上，将两手放在两个抬轿人的肩上。

裁判员发令后，抬轿人抬着坐轿人开始跑（注意不要让坐轿人掉在地上）先到达终点的组为优胜组。

反复做这个活动时，让3个人轮流当坐轿人。

骑马赛跑

【适用】

小学高年级男生

【方法】

参加者以4人为一组分成若干组。这4人排上番号，1号站在前面，2号、3号分别站在1号后面的左侧、右侧，然后分别把内侧的手搭在1号的肩上，外侧的手分别拉住1号的手。4号把连在一起的手做为脚蹬子，把搭在1号肩上的两条胳膊做为马鞍子，蹬上，用两手把住1号的头，摆好"骑手"的姿势。

在起跑线前方适当处，为各组设一返回点，各返回点间隔为3米。

听到"开始"的口令，各"马"出发，跑到返回点，绕过跑回起跑线，以到达的快慢决定胜负。

有时可以3人为一组，1号站在前面，2号拽住1号的皮带，猫下腰，3号骑到2号的背上，手搭到1号的肩上。绕过前面的返回点时，"骑手"和"马"都要小心不要让"骑手"落下来。

扮演马和骑手的人可以轮流调换。

BENPAOLEI TIYU HUODONG ZHINAN

跳跃类体育活动指南

跳跃能力是体育运动中的一个重要组成部分，对同学们来说，促进跳跃运动的技能发展，提高跳跃运动的成绩，对于田赛跳跃类项目的运动成绩的提高有着重要意义。

独脚推手

【适用】

小学中高年级、初中

【方法】

两人一组。每个人屈起一条腿，用同侧手握住脚踝。裁判发令后，两人伸手互推，在你推我闪的过程中，移动身体，尽力保持平衡，谁先失掉平衡双脚落地，谁就算失败者。

【规则】

1. 在未听到口令前，任何一方不能先推对方，犯规者要算输一次。

2. 只能推手，不能推身体其他部位。

跳　马

【适用】

小学中高年级、初中

【方法】

两人手拉手相对站立，参加者两手分别撑在两人的肩上，从两人相握的手臂上跳过去，又向后跳过来。当身体跳起时，膝部要尽量屈向胸部。可分成几个组同时进行比赛，看哪个组跳得最快。

【规则】

跳过去时，双脚不能触及两人的手臂，否则无效。

跳　绳

【适用】

小学、初中

【方法】

单人跳绳包括单脚跳、双脚跳、单双脚交替跳、反方向摇绳跳和编花跳、左右摆动跳等。

双人跳时可以带一个人，跳绳的人把手臂抬高些，被带人从臂下钻跳。双人跳绳另一种方法是排成一队，两人拉绳跑动，依次跳过绳。也可以八人同时摇绳，其他人排成一队，按顺序分别跳过四条绳。

【规则】

1. 单脚或双脚必须离地。

2. 甩动的绳子不可触及身上一切部位。

单、双摇跳绳竞赛

【适用】

小学中高年级、初中

【方法】

单摇：手持 2 米左右短绳的两头（此处可打结或绕在手掌、手腕上以免脱落）向前摇绳，并向上跳起，绳子摇过脚下，脚落地同时继续摇绳，再跳起，这样连续不断地摇一圈跳一次，共跳 30 秒钟。双脚跳或双脚轮换跳都可以，但跳起一次，绳子必须经过脚下一次方算一个。在规定时间内跳得多者为胜。

双摇：在单摇跳的基础上，双脚向上跳起的高度比单摇跳高一些。跳起一次，绳子两次绕过脚下，算跳一个。多者为胜。

【规则】

起跳时，绳子碰脚就算失败，不得重跳。由裁判计算成绩。

跳长绳比赛

【适用】

小学中高年级、初中

【方法】

准备四根绳子。将参加者分成人数相等的四个组，每组设两人摇绳，各组分别站在摇绳人的侧面，排成一路纵队。各组先摇绳，开始，每组第一人从侧面跑到正面，跳一次跑出，迅速站到另一个摇绳同学的一侧，其余人依次跳。跳过一人算一分。在同一时间内计算各组跳的总数。以分数多少排列名次。

【规则】

1. 比赛时间可根据具体情况而定。

2. 空绳与绊绳均不记入跳的次数内。

跳跃抛沙袋

【适用】

小学中高年级、初中

【方法】

在场地上画一条起跳线，起跳线前面 5 米处，并排画 2~4 个直径分别为 50、40、30 厘米的同心圆，里面分别写上"1、2、3"代表分数，准备 2~4 只小沙袋。参加者分成人数相等的 2~4 队，站在起跳线后面。

开始，各队第一人站在起跳线上，两脚夹住放在地上的沙袋，连续朝前跳二步，第三步则用力将沙袋抛入前面的同心圆，并记下投入的分数，后面的人用同样方法依次进行，最后以累计得分最多的队为胜。

【规则】

1. 跳跃时沙袋掉在地上判失误，失误者不得分。

2. 沙袋抛落在圆线上，则少算一分。

踢毽过关

【适用】

小学中高年级、初中

【方法】

准备毽子一只，以 3~5 人为宜。在场地上连续画 10 个边长约 0.5 米的正方形格子。参加的依次轮流在所画的正方形格子中，先正面踢，后横着身踢，最后是后退着踢，连续顺利地通过这三种踢毽方法的，为胜利者。

【规则】

1. 行进时，脚不能踩在线上和线外。

2. 在每个正方形格子里，只能踢毽子一次。

3. 在交换方法时，不得停顿。

4. 凡是犯规者，均判失误，失误后换一人进行。

跳绳赛跑

【适用】

小学高年级

【方法】

画一条起跑线，在线前 20 米和 25 米的地方，分别画"近线"和"远线"，两线平行，各并列插两面小旗。把参加者分成人数相等的两队，各队再分为三人一小组。发给每队的第一小组一根跳绳，指挥员站在两队之间，在起跑线约 5 米的地方。另外指定两人做记数员（也可由体弱的参加者担任）。由第一小组摇绳、跳绳，其余人准备奔跑。

发令后，各队第一小组在原地同时开始跳绳，哪一队先跳完 20 次，哪一队的记数员即吹哨。两队准备奔跑的人听到信号后，同时向前奔跑。先跳完 20 次的一队绕近线上的小旗跑回，另一队必须绕远线的小旗跑回。全部先跑回起跑线的一队得一分。然后换第二小组摇、跳绳，依次按照上述方法进行。最后以积分多的一队为胜。

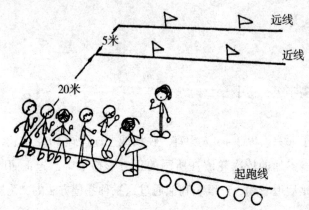

另一种做法：第一组原地跳绳，某组跳坏时，记数员喊"罚"，这时两队奔跑的人同时向前跑，被罚的一队要绕"远线"小旗跑回，另一队绕"近线"小旗跑回。全部先跑回起跑线的队得一分。最后以积分多的队为胜。

【规则】

1. 在跳绳的过程中，其他队员不得越线偷跑。

2. 必须按规定绕过小旗跑回。

注意事项：

1. 可根据参加者具体情况灵活采用方法。参加者初学跳绳时，技术不熟练，动作不协调，可采用第二种方法。

2. 场地小时，可改为一人奔跑。

3. 摇绳人听信号后，要马上停止摇绳，并放下绳子，以免绊倒人。

小青蛙捉害虫

【适用】

小学低年级

【方法】

利用篮、排球场，或画成9米×18米相当于排球场大小的场地当做稻田，并根据参加者人数多少，确定几名参加者扮小青蛙，其余参加者扮小虫，分散在"稻田"里。如图所示。

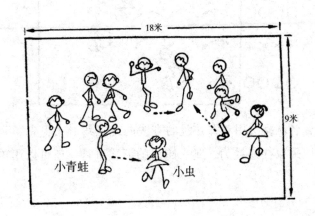

"小虫"在"稻田"内做双脚跳跃，同时边唱儿歌："小青蛙，呱呱呱，小虫见了就害怕，一口吞进好几个，农民伯伯最爱它。""小青蛙"在"稻田"里用双脚跳跃追拍"小虫"，被追拍者暂时退出或与"小青蛙"交换角色。

【规则】

1. 都要做双脚跳跃，并不得出界，否则算犯规。

2. 追拍时不准推拉。

看谁跳得快

【适用】

小学低年级

【方法】

画一条起跳线，在前方8～10米处画一条平行线为终点线。把参加者分成人数相等的几个队，各排成纵队站在起跳线后，如图所示。

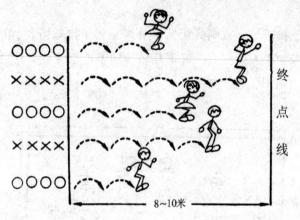

终点线

8~10米

发令后，各队排头用双脚并跳的方法向终点线跳去，先跳到终点线者为胜。也可以采取往返接力、跳去跑回的形式进行，还可以用单脚跳的方法做。

【规则】

用双脚并跳，不能走或跑。

踏石过河

【适用】

小学低、中年级

【方法】

画两条相距 15～20 米的平行线为河岸，两线中间为"河道"，在"河道"上如图所示画几组大小和距离相等的小圆圈作"石块"。把参加者分成人数相等的四队，每队又分甲、乙两组，分别站在河岸线后。

发令后，各队第一人手持小沙包向前依次跳踏（单脚或双脚）"石块"过"河"到对岸，然后把小沙包交给乙组的排头，自己站在乙组排尾。乙组的排头再做踏石过河，将沙包交给甲组

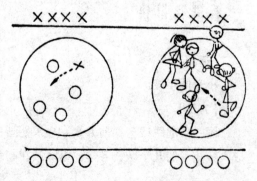

第二人，站到甲组排尾，依次进行。以先做完的队为胜。

【规则】

1. 发令或接到小沙包后才允许行动。

2. 踏在圈外，算失足落水，必须退回重跳该"石块"或退回"河岸"重跳。

3. 必须按规定的跳跃动作"过河"。

看守菜园

【适用】

小学低、中年级

【方法】

画一个直径3~4米的圆圈做菜园。选两名参加者扮守园人，站在圈内。其余参加者站在圈外扮小兔。

发令后，"小兔"用双脚跳进菜园去吃"菜"，守园人去追拍，被拍着的就暂时退出 。捉着若干只"小兔"以后，调换守园的人。

注：可分组进行，在同样时间内，看哪队被拍着的"小兔"少。

【规则】

1. "小兔"只能用双脚跳出跳入，不能跑步，否则算被捉。

2. 守园人只能拍不能推人或拉人，更不能走出"菜园"。

3. 拍圈外的"小兔"无效，"小兔"不得总站在圈外。

注意事项：

为提高参加者的兴趣，可在小圆圈内放几个小物件作为瓜菜。

捉蝈蝈

【适用】

小学低、中年级

【方法】

用四条长凳围成正方形，在凳子外边2米的地方各画一条6米长的预备线。选一个捉"蝈蝈"的人站在正方形中间，其余的参加者分成四队，分别站在预备线后，各队 1～2 报数，1 数先扮蝈蝈。

发令后，"蝈蝈"双脚跳上长凳，同时发出"蝈蝈、蝈蝈"的叫声，捉"蝈蝈"的人则到凳边用手拍捉"蝈蝈"，"蝈蝈"可以跳下凳子躲避拍捉。捉到几个"蝈蝈"后，轮换角色。

你们也可以在地上画线代替长凳。

【规则】

1. "蝈蝈"必须用双脚跳上跳下，否则算作被拍捉。

2. "蝈蝈"必须跳上凳子才能发出叫的声音，不能在地上叫。

3. 捉"蝈蝈"的人只能在凳子围成的正方形范围内拍捉不得乱撞或踏上凳子。

跳进去拍人

【适用】

小学低、中年级

【方法】

画几个直径 5～6 米的圆圈，把参加者分成人数相等的几个队，分别排成横队，站在圆外的横线后，一队为跑队，一队为跳队。

开始，跑队进入圆圈自由跑动。发令后，跳队第一人单脚跳进圈里，单脚跳着追拍跑队队员。跑队队员在圈内躲闪，被拍者，暂时退出圈去。每人追拍一定的时间，另换一人跳进圈内追拍。进行 2～4 分钟即可交换角色，也可在跳队每个人都跳完一次之后再交换。

【规则】

1. 跑队的人不得出圈和踩线，否则算被拍。

2. 跳队的人只能用一只脚跳，中途不得换脚。

举红旗

【适用】

小学低、中年级

【方法】

画一个长为 6~8 米的正方形，再画两条对角线，围绕对角线的交点画四个一样大小的小四方形。把参加者分成人数相等的四个队，各成横队，分别站在四条边线后，各队的排头手持一面小旗站在角上，如图所示。

发令后，各队的排头用兔跳的方法沿对角线向本队小方形跳去再跳回，把小旗交给第二人，自己站在本队排尾，第二人继续做。最后一人跑到方格内高举小旗，以先举旗的队为胜。

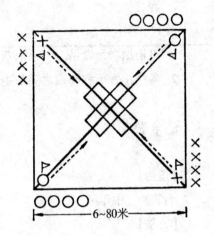

【规则】

1. 必须按规定的方法跳跃。

2. 后一人必须在前一人跑回后才能跳出。

3. 必须跳进小方形内才允许跳回。

追　跳

【适用】

小学中、高年级

【方法】

画一个正方形，在四个角上再各画一个小正方形。把参加者分成每四人一组。每人站一个小正方形，如图所示。

用猜拳法决定起跳人，起跳人可随时变换跳跃方向，其他人需紧随起跳人，用双脚依次向前一个角上的小正方形跳，被追上者为失败，暂时退出，换人重新开始。

注：也可画距离相等的三个圆圈（即等边三角形位置），三人追跳；也可画出许多小圆圈，多人

参加 。方法同上。

【规则】

1. 追跳时不得推人。

2. 踩线为失败。

注意事项：

1. 可根据参加者情况，采取双脚跳、单脚跳、跨跳或跑跳等方法。

2. 各小正方形和圆圈之间的距离，要根据参加者跳远能力决定。

安全岛

【适用】

小学低、中年级

【方法】

画几个相距 1 米的同心圆，最小的圆为安全岛。选一人做追者，其他的人为逃者，并分散在安全岛外的圆圈里，如图所示。

开始，追者单脚跳动，沿圆圈或跳过圆周线到另一圆圈去追拍逃者。逃者也必须甩单脚跳动，看到快被拍到时，可以跳到安全岛上躲避。追者如拍到逃者，则二人交换角色，继续进行。

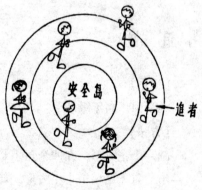

【规则】

1. 追、逃时都要按规定的动作、方法进行。

2. 不许踏线和跳出最外圈。

3. 凡逃者跳进"安全岛"，就不能再追拍，否则无效。

跳格换位

【适用】

小学中、高年级

【方法】

在一个大的正方形内画九个相等的小方格，在正方形四边的中间各画一个半圆，分别叫1、2、3、4号位。把参加者分成每四人一组，第一组四人分别站在四个号位上，并用翻掌法选出领头人，如图所示。

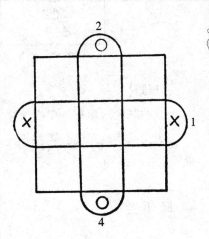

开始，领头人喊"换位，一、二、三!"四个人快速地双脚跳出，占据其他号位。最后一个找到号位的人，退出，换另一人继续进行。

【规则】

1. 换位时必须做规定的双脚或单脚跳跃，不允许更换跳法。

2. 跳跃时，踩线算失误，退出。

跳、跳、跳

【适用】

小学中、高年级

【方法】

画一个大的长方形，再把它分成相等的十个小方格，把参加者分成两队，各队第一人先站在格内，如图所示。

开始，两队第一人以交叉步向各自右侧的方格内横向跳跃，交叉跳时每格内落一只脚，边跳边说："跳、跳、跳。"然后再往回跳说："看谁跳得快?"往返两次。先跳回原位的人为胜。换两人继续进行。

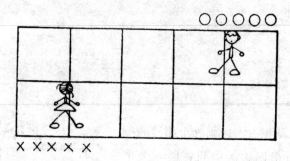

【规则】

1. 两脚同时落在一个格内算失败。

2. 交叉步跳跃时，要按规定侧向，一脚经体前交叉跳过，不许转身向前跳。

跳山羊

【适用】

小学中、高年级

【方法】

把参加者分成人数相等的四队，各队相距 2 米，分别排成一列横队，队员之间间隔两大步（或适当的距离），除排尾以外，所有队员都做上体前屈，两手扶膝做成"山羊"。

发令后，各组排尾向排头方向，用分腿腾越的方法，依次跳过本队所有的"山羊"，然后击掌三次，自己在距排头两步的地点做"山羊"。最后的人听到掌声，再跳"山羊"，按上述方法依次进行。全队每人都跳一次，以先跳完的队为胜。

【规则】

1. 必须按规定的动作，跳过每个"山羊"，不得从旁绕过。

2. "山羊"的手要扶在规定的位置，不得屈膝（即不得随意降低高度）。

快快跳起来

【适用】

小学中、高年级

【方法】

把参加者分成人数相等的几队，各站成纵队，队间距离3～4米。各队的前两人分别拿短绳（或棒、竿）的一端。

发令后，各队拿绳的两人拉着绳向后跑，绳子到谁的脚前，谁就快快跳起来，让绳子从脚下通过。排尾跳过以后，排头留在队尾，第二个人持绳跑到队前和第三人一起拉绳，照上述方法向后跑，再到排尾时，第二人留下，第三人再持绳跑到队前和第四人拉绳向后跑。照上述方法依次进行。以先完成的队为胜。

【规则】

1. 必须用双脚跳过绳，不能用单脚。

2. 要两个人拉绳，不得一人拖绳跑。

注意事项：如用棒或竹竿，在通过每人脚下时，棒或竿要距地面近些，以免跳不过的人绊倒摔伤。

行动一致

【适用】

小学高年级、初中

【方法】

画一条起跳线，线前15～20米处并排画两条短线。把参加者分成人数相等的两队，分别站在起跳线后。每队再分成3～5人一小组。

开始，两队第一小组的人在起跳线后排成一路纵队，左手扶在前面人

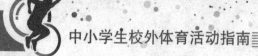

的左肩上，右手握托前
面人向后抬起的右脚
面。发令后，两组同时
用单脚一步一步地向前
跳进。当排头跳至前面
的短线时，全组立刻排
成横队，两臂互挽，向
第一人看齐，并做一次
下蹲。然后向后转，再

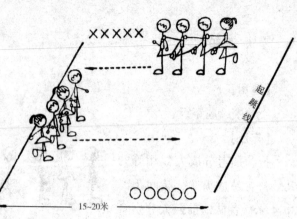

挽臂，全组一起用另一只脚跳回起跳线。先回到起跳线的组得一分，最后
以积分多的队为胜。

注：跳回时也可用双脚。

【规则】

1. 必须按规定动作进行。
2. 途中如果队伍脱节为失败。

蹲　跳

【适用】

小学高年级、初中

【方法】

画相距 8～10 米两条平行线，一条为起点，一条为终点。把参加者分成
人数相等的几个队，每两人
为一组，背对背挽臂下蹲在
起点线后。

发令后，各队的第一组
由起点向终点蹲着蹦跳，两
人都跳过终点后再跳回。依
次进行。最后以先到终点多

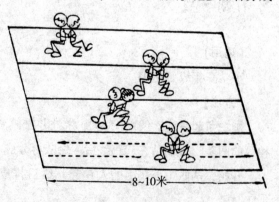

8～10米

的队为胜。

注：可以一组一组比赛，也可以用接力赛的方法进行。

【规则】

1. 两人挽臂不得分开，如分开必须挽好再开始跳。

2. 返回时，后过终点的人在前。

绕障碍跳

【适用】

小学高年级，初中

【方法】

画两条相距 18 米的平行线，一条为起跳线，一条为终点线。把参加者分成人数相等的四个队，分别成纵队站在起跳线后。在各队起跳线前，每隔 3 米插一面小旗（或置一小木棒），共插五面；在终点线前画一直径 3 米的圆圈。

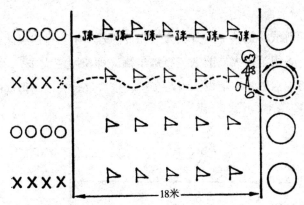

发令后，各队排头沿曲线用单脚绕旗跳到终点，然后逆时针方向用双脚绕圆跳跃一周，站到圆圈后面。按到达终点线的先后次序分别得 4、3、2、1 分，最后以积分多的队为胜。

也可以往返进行或做迎面接力，如下图所示。

【规则】

1. 必须按照规定的跳法和路线进行。

2. 不得抢跳。

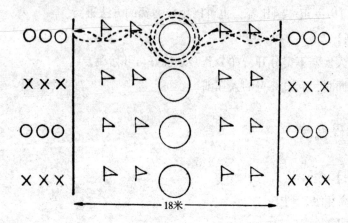

18米

多级跳累积比赛

【适用】

初中

【方法】

画一条起跳线，把参加者分成人数相等的若干组，排成纵队站在线后。

发令后，各组第一人向前做三级跨步跳（即跨跳三大步），第二人再从第一人最后落地点继续向前做三级跨步跳，依次进行，以跳得远的队为胜。

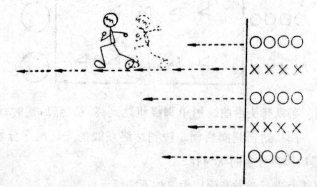

注：也可采用抵消法进行比赛，例如两组对面站立，甲组第一人由起跳线向前（向乙组）跳，乙组第一人由甲组第一人的落点向前（向甲组）跳，

甲组第二人由乙组第一人的落点向前（向乙组）跳，如此交替进行。乙组最后一人的落点如超过起跳线则乙组为胜，否则为甲组胜。

【规则】

1. 必须在前一人落点处起跳。

2. 按规定的方法跳。

撑竿过河

【适用】

初中

【方法】

把参加者分成人数相等的两个纵队，在队前画一条起跑线，在线前 8～10 米处画两条相距 2 米的平行线作"河沟"。各队排头手持撑竿一根。

发令后，各队排头持竿跑至"河"边，用撑竿跳的方法跳过"河"去，然后持竿跑回，交竿给第二人。第二人用同样的'方法做动作，依次进行。最后以先跳完的队为胜。

注：也可以让参加者撑跳越过两三个"河沟"。

【规则】

1. 如撑越时失足"河"内，要重跳。

2. 第二人接竿后要从起跑线开始跑。

连续跳横绳

【适用】

初中

【方法】

把参加者分成人数相等的 2～4 个纵队，在队前画一条起跳线，在线前每隔 2 米处设一个小支架，共设 5 个，架上拉挂橡皮筋，其高度依次为 30、40、50、60、70 厘米。

各队排头按规定的方法依次跳过每条橡皮筋，全部跳过者得 5 分，每触及皮筋一次扣 1 分。当排头跳过第三条橡皮筋时，第二人开始跳。如此依次进行，最后以得分多的队为胜。

注：也可让两个参加者托一根竹竿代替橡皮筋，但必须注意，只能托着不得握住，以免摔伤。

【规则】

1. 必须按规定的方法跳。

2. 不得触及橡皮筋和支架，每触及一次扣 1 分。

跳房子

【适用】

小学中、高年级

【方法】

场地布置如图所示，将方形格编为 1～10 号。把参加者分成人数相等的两队，每队再分成相等的若干组（每组以 3～5 人为宜）。每队相同的组次相对比赛，先参加的人站在投掷线外。

6	5
7	4
8	3
9	2
10	1

投掷线　　　　×

开始，跳房人手拿沙包走到 1 号格的下边，将包抛入 1 号格，然后单脚跳入 1 号格，再将包踢出 1 格回原位，双脚落地。拾起包再抛包入 2 号格，仍用单脚依次跳入 1、2 号格，再依次将包踢回 1 号格，再回原处，才允许双脚落地。拾起沙包再向第 3 号格投去，单脚依次跳入 1、2、3 号格……依此类推。本组人如失败，第二人可接着跳，但是先后二人失败，则换由对方跳，下次本组再跳时，由未跳的人接着上次失败人未跳过的一格另跳。当10个格子都跳过，就有要房子的权利。要房子的方法：跳的人站到投掷线上，背对长方形，用单手将包从头上向背后投，落在某格某格即成该组的"房子"，画出对角线，以后该组组员每跳经过此格时，即有双脚落地休息片刻的权利。最后待10个方格都画成房子时，则以占"房子"较多的一组为胜。

【规则】

1. 投包压线为失误。

2. 单脚跳不能越格，不可踏线。除在"房子"内可双脚落地外，踢包、拾包都必须是单脚支撑着地。

跳格格

【适用】

小学四年级

【方法】

将参加者分成数组，每组 8～10 人，各组参加者准备一小石片。各组前方画出 9 个方格，图形如图。

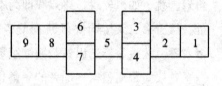

开始后，各组第一人向第一方格内投石片，如果没投中则换下一个人，等下一轮轮到时重新投。如果投中则可以开始起跳，方法为：跳进第一、第二格，然后左脚向第四格，右脚向第三格同时起跳，再单脚跳到第五格，接着双脚同时跳到第六、第七格，再单脚从第八格跳到第九格，然后单脚跳回第一格，将自己的石片取走。然后再向第二格投石片，若失败则将石片放回第一方格中，等到下一轮。如成功则将石片放到第二空格中，等下一次轮到时再起跳。参加者设法使自己的石片逐次向前推进。

【规则】

1. 各参加者按顺序跳方格，石片按方格的顺序投。

2. 石片没投中时，将石片放回原处，等下一轮轮到时再继续投。

3. 一人不许连续跳投两次。即使没投中，也要等到下一轮。

4. 如果跳法不正确或踩线跳错方格，回返时忘记拾起石片，在同一方格内连跳两次者，免去向前推进石片的机会。

5. 取自己的石片时必须单脚跳，但方格中有别人的石片时则禁止单脚跳。

6. 最先按顺序将石片投到第九方格中者胜。

走　跳

【适用】

初中一年级

【方法】

在适当的位置上画上起跑线和终点线，中间画上一条起跳线。将参加者等分成两组，每组在起跑线后列成一列纵队。每组各出一名裁判，站在终点线后。听到开始的笛声后，各组排头者走到起跳线处，然后单脚跳跨，再双脚跳，如果先跳过终点线即为本方得 1 分。跳完后跑回起点，站到排尾处。接着第二人按同要领跳向终点线。全部比赛结束后，各组计算得分，多者胜。然后重新选出新裁判继续重新开始。

各线间距离根据参加者的年龄体力来具体确定。反复进行 2、3 次再计算成绩亦可。应注意开始前活动好腰、膝和踝关节。

跳　膝

【适用】

初中男生

【方法】

一人仰卧，屈膝。另一人稍助跑，撑一下仰卧人的膝就跳过去，而仰卧之人可扶一下对方的肩来协助他。在进行过程中，仰卧之人一定要用力支住两膝，否则是很危险的。

水平跳绳

【适用】

小学中年级以上

【方法】

一个人拿着一根在一头栓上豆袋子或其他有重量物品的绳子，站在中央，其他人以此为中心排成一个圆圈队形。中央的人，攥着拴有豆袋子或其他有重量物品的另一头将绳沿地表面平盘式的旋转。因为人不可能与绳子共同旋转，所以只能分别抬起一条腿使绳通过。那么，随着绳子的旋转，中央参加者要逐步将绳拉长，不久，当那根绳子一直达到扫圆圈队形中的人的脚时便将绳抢起来。因此他们当绳子迫近脚下时，为了不让绳子绊住，就要跳跃一下使绳通过。如果有做这项跳跃动作失误、阻拦了绳子旋转者，必须暂时离队，最终以持续时间最长者为胜。

旋转绳的高度尽可能在踝骨部位为好。再者，拴在此绳头的豆袋子或其他重物，最好不要超过所需重量。如果找不到中央的人时，最好由领导人自己担任此职。

过绳传球

【适用】

小学高年级

【方法】

两人共同摇动一根长绳。第一名队员手持一只排球跳入，边跳边伺机将球传给第二位队员后，迅速跳出。第二名队员接球后，立即跳入，并将球再传给第三位队员，以下依次进行。如传接球或跳绳失误，由失误者替换某摇绳者，继续进行。也可以等第二名队员跳入绳子后，再传球。

ZHONGXIAOXUESHENG XIAOWAI TIYU HUODONG ZHINAN

回旋跳绳

【适用】

小学三、四年级以上

【方法】

在 4 米长的细绳的一端拴一个内装小豆的小口袋。参加者分成两组，围成一个或两个圆圈。发令官站在圈中央，手握细绳另一端，贴着地面使绳子旋转，每当绳子通过自己脚下时，两只脚交替地跨过绳子。圈内的人，当绳子转到自己脚下时，要起跑使绳子通过。如果谁没跳好，绳子碰到他的脚或脚脖子时，旋转停止，罚下该失误者，另外的组要得 1 分。最后统计分数，决定优胜。

刚开始时，各组组员站在以绳长为半径的圆的外侧。绳子旋转能顺利进行之后，可以按情况把圆缩小到跳越的范围内。

如果进行得很熟练的话，参加者可以逆着绳子旋转的方向，边前进边跳越。发令官也不要停在一个位置上，可以移动位置，也可以改变绳子旋转的速度。

刚开始进行时，可以做为个人跳绳，不必决定胜负。熟练之后，可以做为两组进行竞赛。

投掷类体育活动指南

投掷类体育活动也是田径运动的一个重要组成部分，本部分选的活动能帮助同学们练习投掷的臂力、准确度、灵活性等等。

炸毁地堡

【适用】

小学中、高年级

【方法】

在场上画两条相距 1 米的平行线，前一条为投掷线，后一条为预备线。投掷线前 12~20 米处，画一个 15 米×9 米的长方形掷准区，掷准区再等分为 15 个小格，并标明各格的得分数。把参加者分成人数相等的 4 队，成一路纵队站在预备线后，排头各持一个手榴弹站在投掷线后。每队选裁判一名，统计成绩。

裁判发令后，各队排头投弹，裁判按弹落点登记成绩。听到"拾弹"后，投弹者立刻跑步拾回手榴弹并交给本队第二人，自己站在排尾。依次进行，最后以各队得分多少排列名次。

【规则】

1. 必须按规定的方法投掷，否则投中无效。投掷时不得超越投掷线。

2. 按手榴弹着地点计算成绩，如落在方格内滚出界外则有效，若落在界外，滚进方格内则无效。

61

3. 落点在两格中间的线上按分高的计算。

4. 注意安全。

把球投进去

【适用】

小学低年级

【方法】

画一条投掷线，把参加者分成人数相等的几个队，各队排成一列横队站在线后，排头持若干个小球。在各队的投掷线前 2 ~ 3 米的地方放置一个小筐（纸篓、小桶均可）。设两名小统计员站在小筐的两头。

发令后，各队的排头从投掷线后向筐内投球，投完后小统计员记下进筐的球数，排头拾回球交给第二人，自己站在排尾，第二人继续投球。轮流进行，以投进多的队为胜。

另一种做法：可让参加者排成半圆形队，依次往离地 2 ~ 3 米高的小筐内投球。

【规则】

1. 要站在投掷线后投掷，踩线、过线投中不算。

2. 投入筐内反弹出来的球仍算投中。

注意事项：

1. 可用沙包代替球，每人拿一个，全队投完后，再一起取回沙包。

2. 投掷的距离和高度，可根据情况适当调整。

打得准

【适用】

小学低、中年级

【方法】

并排画若干个 1 平方米的正方形和一条投掷线，把参加者分成人数相等的攻守两队，守队持球拍，站在正方形内，攻队持球站在投掷线后。

发令后，攻队用各种方法向正对的正方形里投球，守队设法将球击回，不让攻队投进。攻队投进正方形得一分，守队击回投掷线得一分，在一定时间内，计算总得分，以得分多的队为胜，然后两队交换位置。

【规则】

不得越线投掷和击球。

注意事项：

参加者掌握方法后，可增加投掷距离，或守队同时击两边投来的球，看谁打得准、打得快。

看谁击得准

【适用】

小学低、中年级

【方法】

画两条相距6~8米的平行线作为投掷线，中间画一条中线，在中线上放若干个小木柱（用手榴弹或实心球均可），在投掷线后1米处各画一条预备线。把参加者分成人数相等的两队，每队再分成两组，分别站在投掷线与预备线后，面向中线，每人手拿1个小沙包。

发令后，双方投掷线后的队员一齐用小沙包投击小木柱，将小木柱击倒的得一分。投完后，按发令官口令一齐跑去拾回沙包，并将小木柱放回原位摆置好，然后从两侧跑步回到预备线后，按原队形站好。当前一队拾沙包时，后一队就可站到投掷线后，做好投掷的准备。每队投掷若干次后，以积分多的队为胜。

【规则】

1. 必须按口令投掷和拾包。

2. 投掷时不得越线。

投球过河

【适用】

小学低、中年级

【方法】

画长 10 米、宽 6 米的长方形，长方形的中间画两条横线为河界，距离 1.5 米左右。选一人做裁判员，其余人分成人数相等的两队，每人拿一小球（或用破布捆扎成球，或用小沙包）分散在两个半场内，背对河界。

发令后，双方队员将小球向背后投到对方半场内，同时再把对方投过来的球立即拾起用上述方法投回去。进行 1 分钟后，裁判员鸣哨，双方马上停止，由裁判员检查落在双方半场内的球数，以落球少者为胜。

【规则】

1. 投进"河"和投出界的球不应算在统计数内。

2. 投球时，必须用统一规定动作。

攻、守阵地球

【适用】

小学低、中年级

【方法】

画两个大小适当的圆圈，把参加者分成人数相等的两队，分别站在圈外，每人持一小沙包（或小球）。在圆圈内放置用木棍扎成的三角架，架上放一球，做阵地。各队出两三人到对方圆圈内做守卫员。

开始，圈外的进攻员用沙包投击三角架或架上的球，守卫员用各种方法阻挡投来的沙包击中目标。如攻队将球打掉或将三角架打倒，再换人守卫，继续比赛。用最短的时间攻下目标者为胜。

【规则】

1. 攻击者不准进入圈内投击，但允许进入圈内拾沙包。

2. 守卫员可用身体任何部位阻挡，也可用手、脚将沙包打回或踢回。

击球进圈

【适用】

小学低、中年级

【方法】

画一个直径 1 米的圆圈，圈外 5~6 米处画四个距离相等、直径为 50 厘米的小圆圈，圈内各放一个实心球，再画一个大圆圈。把参加者分成人数相等的四个队，分别成横队站在大圆圈外，各队的第一人持一球（篮或小足球）。

发令后，各队的第一人用球投击实心球，使之向中间的圆圈内滚动。每人投一次后迅速将球拾回交给第二人投击，自己站到排尾。各队依次进行。先将实心球击入中间圈内者得一分，重新开始。最后以得分多的队为胜。

【规则】

1. 投击时不准踩线，只能投击一次。如以四人为一组比赛，可规定每人连续投击五次。

2. 只能用手投球，不得用脚踢。

3. 实心球的整个球体进入中心圆内才算进入圈中，压在线上不算。

四面招架

【适用】

小学中、高年级

【方法】

画一个边长 5 米的正方形，在正方形的中间画一直径为 1 米的小圆圈。四个（或八个）攻者，每人持一个小沙包，分别站在边线外。一个守者，持一个用马粪纸或硬塑料板制作的盾牌，站在圆圈里。

发令后，攻者按顺（或逆）时针方向依次用沙包向守者投击，守者用盾牌阻挡，反复进行。如守者的身体任何一部位被击中，则攻者得分，守队换另一人重新防守。在规定时间内，攻队没有击中守者，守队得分，两队均换人，重新开始。最后以积分多的队为胜。

【规则】

1. 击包落地，可由守者踢出界外，待守者回位后，才能继续击包，否则为犯规。攻者也可进场拾包。

2. 攻队不得越线投击。

打靶球

【适用】

小学中、高年级

【方法】

把参加者分成人数相等的四个横队，站成"弓"形，各队排头手持一个小沙包。各队画一条投掷线，在线前3～4米的地方放一排凳子（或桌子），凳上放四个篮球或排球，球间距离1～2米。各队的排头分别站在各自的投掷线后，对准前面的一个球。

发令后，各队排头用小沙包投打前面的球，打下一个球可得一分。无论是否把球打掉，都迅速跑去拾回沙包交给第二人。如把球打掉，在拾沙包的同时还应迅速将球拾起放回原位。依次进行，直到各队每个队员都投过一次。最后以得分多的队为胜。

【规则】

1. 不能超越投掷线投击。

2. 只能投击自己对面的球，每人只能投击一次。

躲避球

【适用】

小学中、高年级

躲避球有多种方法，应根据参加者年级和人数选择适当的方法。举例如下：

【方法一】

画一个直径 5～10 米的大圆圈，把参加者分成人数相等的两队，一队在圈内，一队在圈外。

发令后，圈外的人用排球 1（或手球）投击圈内的人，圈内的人尽力躲闪或将球接住。被击中者退出圈外。在规定的时间内，被击中的人少的队为胜。注：也可画两条平行的线，一队站在两线外，一队在两线中间。

【方法二】

画一长 16 米、宽 8 米的长方形场地，场地中间画一中线，将场地分为两个正方形（或利用排球场地）。把参加者分成人数相等的两队，每队持一个球。

发令后，用球投击对方队员，被击中者退出场地。在规定的时间内，以场内剩下人数多的一队为胜。

【方法三】

画甲乙两个圆圈，把参加者分成人数相等的两队，分别站在甲乙圈外，每队选出五人到对方圈内做活动目标。

发令后，甲、乙两队立即开始投击圈内的活动目标，被击中者退出圈外，可继续参加本队投击。最后以先将圈内的活动目标全部击中者为胜。更换活动目标，重新开始。

【规则】

这三种方法的规则都相同，如下：

1. 投击时，击中臀部以下才算有效。

2. 投击者可以互相传球，寻找有利时机，但不能进入圈内。

3. 圈内的人可以用手接球，每接得一球，可以救回一个被击中者。

4. 规定比赛时间，每队攻守的局数要相等。可以采取三局二胜或五局三胜制。比赛局数也可以是偶数，但累计每局圈内剩的人数，多者为胜。

抛 沙 袋

【适用】

小学高年级，初中

【方法】

画一条抛掷线，线前的布置如下图所示。把参加者分成人数相等的两个队，各队依次报数后分别成横排站在抛掷线两端的侧前方。

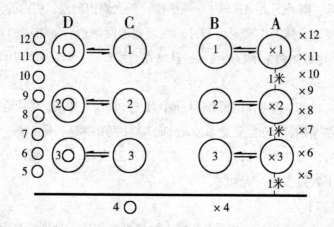

开始，两队的 1～3 号队员分别站在 A、D 行圆内，第 4 号队员手持一个 2 千克重的沙袋站在抛掷线后，用肩上投掷方法分别将沙袋抛向 B、C 行第一个圆圈，这时两个 1 号位队员立即分别迅速跑到圈内接沙袋，再将袋抛回，并回原位。4 号队员接到沙袋后再抛向 B、C 行的第二个圆，两个 2 号位队员迅速分别跑进圈内接沙袋、抛回、回原位。照上述方法做，直到 3 号位队员回原位。这时 1 号位队员跑到各自的排尾，2 号位队员进 1 号位，3 号位队员进 2 号位，4 号位队员进 3 号位，5 号队员进 4 号位抛掷沙袋，按上述方法继续进行，直至全队做完。最后以抛、接得准完成得快的队为胜。

【规则】

1. 抛沙袋时不得过线，接沙袋时不允许出圈。

2. 要按规定的投掷方法进行。

3. 抛、接时失误要重做，否则无效。

打活动目标

【适用】

小学高年级，初中

【方法】

画两条相距 14～18 米的平行线为投掷线，两线中间画一条中线。参加者成两队，分别站在投掷线后，每人手持三五个小沙包。

开始，中线两端的发令官沿着中线来回滚动篮球（或、铁环），两队用小沙包投击篮球，击中者得一分，最后以积分多的队为胜。

【规则】

1. 不得越线投掷。

2. 滚动篮球时，必须沿中线进行，不得偏离。

注意事项：可每人拿一个沙包，投出后拾回再投。

掷实心球比赛

【适用】

初中

【方法】

画一条投掷线，把参加者分成人数相等的甲、乙两队，每队用一个实心球，甲队站在投掷线后，乙队站在对面。

甲队第一人从投掷线后向前掷实心球，记好落点后，乙队第一人从落点处往回掷，甲队第二人再从乙队第一人掷球的落点处往回掷。如此对抗，依次进行。乙队最后一人掷球的落点如超过投掷线，则乙队胜；如未超过，则甲队胜。

【规则】

1. 掷球时，不得踏线、越线。

2. 实心球的落点，以第一次落地时着地点为准。

3. 必须按照规定的投掷法进行。

注意事项：掷球方法可根据教学需要统一规定，如单手肩上掷出、双手头上掷出、半蹲姿势抛出等等。

铅球掷远计分赛

【适用】

初中

【方法】

画 5 米直径的大圆圈，圆内每隔 1 米再画一个同心圆，在圆外 3～4 米处画 4 条投掷线。把参加者分成人数相等的 4 个队，分别站在投掷线的后面，各队第一人手持铅球。

发令后，各队第一人同时将铅球推向圆圈，推到第一圈得 1 分，第二圈得 2 分……第五圈得 5 分。第一人做完第二人做，最后以积分多的队为胜。

【规则】

1. 必须按口令推铅球和拾铅球。

2. 按规定方法推铅球（铅球重量自定）。

3. 球落在圈线上，以数字少的一圈计算。

攻打堡垒

【适用】

小学中、高年级

【方法】

在场上画直径 3 米、8 米的同心圆，在小圆内画一正方形，边长 1 米，在正方形的四角和中间各放一个短木柱做堡垒。把参加者分成人数相等的两队，每队选出三人站在大、小圈之间做"后卫"，其余人围在大圈外做"前锋"。

发令后，前锋用球向堡垒投掷，设法击倒木柱；对方的后卫设法阻挡，接住对方投来的球，并把球传给本队的前锋投击。击倒一根木柱得一分，击倒两根得二分，依次类推。在规定时间内以得分多的队为胜。

【规则】

1. 前锋投击时不能进圈；后卫接、挡球时不得进小圈、出大圈，并不得攻垒。

2. 一队得分时，由另一队前锋发球。

3. 如有推人、踢球等情况时，则由对方前锋发球。

打　靶

【适用】

小学四年级以上

【方法】

在地上画一个三重圆的标靶。圆的大小要根据参加人的熟练程度而画。即便是不熟练者最里圈的直径不得超过 60 厘米，外圈的直径不得超过 2 米。在离外圈 3 ~ 9 米处画一道直线，做为投掷线。人数少时，标靶可以用 1 个，但人数多时，要分成几组，并要增加标靶数。

每组手拿 3 个小沙袋（在操场或野外进行时，可用木片、石头、贝壳来代替沙袋。最好是用不滚动的东西）。

每人在投掷线轮流向标靶投掷沙袋。如果沙袋停留在最中间的圈里，就得 15 分；如果停在第二个内圈内，就得 10 分；停在第三个内圈内，就得 5 分。如果不熟练者投到线时，就以投进线外圈区计分；而熟练者投到线时，一律不计分。每人投五次，得分最高者为胜。

投沙袋

【适用】

小学高年级

【方法】

在投掷线前方画 4 道平行线。越是远处，线距要越小。并从最远处线距分别分 5 分线距、3 分线距、1 分线距。

每个投掷人手拿 5 个圆沙袋。每人轮流从投掷线向多分线距投掷沙袋。最后，通过计算总分决定名次。

另外也可以分成两组进行对抗赛。得分区也可以用圆形或正方形代替。

投掷距离根据投掷力度大小，可远可近。

掷 "铅球"

【适用】

初中

【方法】

在地上画一个长 1 米、宽 66 厘米的长方形，再以 33 厘米为长，把长方形分成 3 个格子。每人手拿 3 个气球，站在距离长方形 1.5 米的地方，用推铅球的姿势将气球推到格子里去。距离最近的一格分数是 1，中间一格分数是 3，最远的一格是 6。得 8~14 分为第 1 名，得 5~8 分为第 2 名，得 2~5 分为第 3 名。

打水漂

【适用】

小学高年级

【方法】

向河或湖的水面用力侧向投小石片，恰似鹡鸰 "啪嚓、啪嚓" 地走路一般，使石片在水面上跳跃。跳跃的距离越长，并且在水面上蹦跳的次数越多越好。这能给人以野外特有的亲切感，很受人欢迎。

投掷用的石片，以平滑为好。而且，在湖泊、水塘、池沼等静水处做，要比在流动的水里容易得多。

投圈比赛

【适用】

小学低、中年级

【方法】

准备两个挂圈架，每人手拿一个竹（铁）圈。参加者分为两组，各组面朝里围成一个圆圈。在圆圈的中央各放一个挂圈架。听到"开始"后，全体参加者各自在自己所处的位置上投圈。根据投中（将圈挂在架上）的多少决定胜负。有多种方法。比如在听到"停止"的口令前不停地投圈（未投中者可拣起连续重投），最后则根据在一定时间内投中数量的多少决定胜负。或者全体参加者围成一个圆圈，按奇数、偶数分为两个组，同时也按圈的颜色分为两组，在一个挂圈架上进行比赛。

投接木棒

【适用】

初中

【方法】

有两种做法；

1. 要领同传接球一样，只是以棒代球。棒最好用橡皮棒（木棒也可以），但两端要削成圆状，还可以在上面缠一层布以防意外。棒长不得超过50 厘米。

2. 将全部参加者分成红白两组，每组再分成 A、B 两小组。各大组的 A、B 两小组以 6 米为间隔成相向而站两列横队。听到口令后，立即开始投接棒子，尽量使投接动作连续做下去，哪个组先使棒子掉在地上，即作负组。各组不得在规定区域外传接。是用双手还是用单手，宜在开始前作出规定。

＼ 投接圈轮

【适用】

初中

【方法】

有两种做法：（1）按投接球要领，一人或两人投。接轮可以用手抓，亦可以用手腕去套。（2）让圈轮在地上滚动。两人做时，相向同时向对方滚动各自的圈轮，或来回滚动一个圈轮。一个人做时，可在起跑线上加足劲让其向前滚动，然后在它向前滚动若干距离后，从后面追上去将其拿住。

＼ 投袋入穴

【适用】

小学高年级

【方法】

将全部参加者分成人数相等若干组，各组排成一列纵队。在各队前方一米处，画一条投掷线，在线前 4 米处，各画一个直径 0.5 米的小圆。各组排头前各放 6 个口袋。听到口令，自排头始，必须在投掷线后（脚尖亦不许超出），以圆为目标，将口袋一只一只投入圆内。投去的口袋，即使十分接近圆周，亦不算得分。每投入一个得 1 分。待 6 个全部投完后，投者立即跑去将自己投出的口袋拣回来，交给后面队员。进行完毕后以得分多少决定名次。通常可委派各组排头统计本组总得分，亦可指派一名队员计算本队得分。

＼ 口袋打靶

【适用】

小学高年级以上

【方法】

准备几块宽 60 厘米、长 100 厘米的木板，在木板下方挖一只边长 6.5 厘米的正方形，上方挖一个边长 10 厘米的正方形。使木板成 45 度靠住墙根前，或用其他办法将木板斜立起来，参加者站在距离木板 3 ~ 4.5 米外的投掷线前，将木板作为靶子，将正方形空穴作为靶心，将口袋扔过去。若从上方空穴穿过，得 5 分；若从下方口袋穿过，则得 10 分。按全部参加者得满 100 分的先后顺序，决定胜负名次。

套 圈

【适用】

小学四年级以上

【方法】

在场地上画一条投掷线。将全体参加人分成二组，分别在投掷线后排列成纵队，各纵队之间要保持一定的间隔。从各组的参加者中分别选出一名"队长"，站到各纵队前方 3 ~ 4 米处。给各组的排头人发 3 个圈儿。

裁判员发出"开始"口令后，各组排头的人分别半手中的圈儿，一个一个地往"队长"伸出的胳膊上套，套上一个得 1 分。3 个圈儿扔完后，拣起交给本队的第二个人。以后的人依次如法效行。人都进行完之后，由"队长"发表该组的得分。得分多的组为优胜组。

投 远

【适用】

小学四年级以上

【方法】

用各种球（如：小至软球、棒球、垒球，大至手球、足球、排球、篮球），或者其他玩具（如：砂袋、短棍等），投掷得最远者为优胜者。

参赛者从起投线开始投掷。但是，也可以不计较起投线的问题，从实际落脚点测量成绩即可。

若用砂袋或短棒等较重或轻硬的物体进行投掷，要特别注意安全。

掷物入圈

【适用】

小学低、中年级

【方法】

全体（20~60人）平分为若干队。画一条起发线，在线上标定若干个起发点。距起发点6~8米处各画一个直径约50厘米的圆圈。各队成一路纵队，站于起发点后面。备小石两块（或其他细物，如5分硬币），一块置于圆圈内，一块给各队的头一个人。

发令后，头一人站在起发点上掷石入圈。不论入圈与否，出手即可向前跑去。如所投的石入圈（滚入也算），则取出原在圈内的小石跑回来。如不中（中了又滚出圈外也作不中论），在拾石的地方再投，直至入圈为止。然后取原放在圈内的石跑回交给次一人。如此依法进行，至末尾一人回到起发线为止。

击球过界

【适用】

小学高年级

【方法】

画一个长12米、宽6米的球场。离球场中央两侧4步远的地方，再各画一条与球场端线相平行的得分线。把参加的人分成人数相等的两队（每队8~15人），各排成一列横队面对面站在球场的端线后面。放一篮球在球场的中央。参加的人，每人各拿一只小球，如网球、垒球或小橡皮球。

开始，参加者把小球掷向活动靶子（篮球），想法打中篮球，以使它滚出对方场地上的得分线。哪一队成功了，就可以得1分。然后，由裁判员将靶子放回球场中央，可以继续进行。当一队得分满 3 分，此局就算终结，于是双方互换场地，比赛继续进行。

滚球打垒

【适用】

小学中、高年级

【方法】

在场地内画一个圆圈，圈内放 6 个木制的圆柱。再准备一个木球。参加者站在 4 米外的白线上，滚球击木柱。击倒 4 个木柱，即第 1 名。

竹筷投瓶

【适用】

小学低年级

【方法】

准备 个空酒瓶，5 根竹筷。参加者在距瓶口 60 厘米的高处向瓶口投下竹筷。投中 3 根以上者，可排名次。

投镖打靶

【适用】 小学低年级

【方法】准备环靶纸 1 张，标明分数。再准备 3 支用木筷做的投镖。参加者站在 2 米外，向靶子投镖。投 3 次，积分达到一定分数，即可排名次。

格力类体育活动指南

格力类体育活动能够帮助同学们提高力量技巧，并且设施简单，随时随地都可以开展，同学们要多多练习。

手指拉凳

【适用】

小学高年级，初中

【方法】

两个人隔长凳相对站立，凳子中线与地上中线垂直，准备比赛时，各用中指抬起长凳的一端。裁判发令后，各人用手指的力量和技巧把凳子拉到本方端线（凳子中线与地面端线吻合）为胜。

【规则】

拉时中指应伸直，不可用其他手指帮忙。

蹬腿比赛

【适用】

小学中、高年级

【方法】

分成人数相等的两个组，每组先各抽一人进行比赛，比赛时，两人相对坐在地上，伸开两腿，两人的脚趾互相靠拢，然后用力向对方蹬去。把对方蹬倒者得一分，两人都倒地或都不倒地为平局，不计分。这样一对对地比赛下去，以哪个队得分最多为胜。

【规则】

蹬腿时，双手不能撑地，也不能按在腿上。不然算倒。双方脚趾不能蹬其他部位。

单腿下蹲

【适用】

小学中、高年级

【方法】

可几个人进行比赛，比赛者一腿前举，另一腿反复做屈、伸运动，在比赛期间，可调换另一腿继续进行，看谁总的屈伸次数最多，以多者为胜。

【规则】

腿屈的时候，大腿与小腿成 90 度。腿伸时另一下肢必须挺直。比赛时另一腿只允许调换一次。

掰手腕

【适用】

小学中、高年级

【方法】

甲、乙两人分别坐在课桌两边，一臂屈肘的手互握，肘关节支撑在桌面上，裁判发令后双方同时用力掰手腕，以将对方的手背触到桌面为胜。

【规则】

比赛前，双方互握的手不可偏向一方，听到口令后才可用力掰。肘关节始终不能离开桌面，谁离开罚输。

俯卧撑运动比赛

【适用】

小学中、高年级，初中

【方法】

甲乙双手撑地，手指向前，两手与肩同宽，两臂伸直，两腿搁在椅子或其他器械上，必须绷直，然后两臂弯曲，头近地面，两肘稍外张，接着两臂伸直，还原成俯卧撑姿势。如此反复进行，以谁撑的次数多为胜。

【规则】

推撑时应始终保持身体正直，不可塌腰，臀部不能蹶起。

仰卧起坐

【适用】

小学低、中年级

【方法】

参加比赛者腰部仰卧在一只小凳上，双手置于头后，然后迅速收腹成坐姿，这样反复进行，在规定时间里，看谁反复次数最多，多者为胜。

比赛时要有人保护。凳子的高度要适中，根据比赛人的高度而定。凳子上最好垫些软的东西（如棉垫子、海绵等），目的是保护腰肌。

【规则】

仰卧时，手背必须碰到地面。收腹时，上身要坐直为止，双足始终不可离地。

拉人角力

【适用】

小学中、高年级

【方法】

分成人数相等的两个组，每次各组抽一人进行比赛，两人相向站立，一脚相抵，然后手拉手互相用力，看谁能把对方拉向自己这一边来。胜者得一分，依次进行比赛，最后看哪个组得分为最多。

【规则】

拉时，双方一脚始终相抵，不能移动位置。手不能松掉，以免摔倒跌伤。

斗鸡平衡

【适用】

小学中、高年级

【方法】

在排球场的中间画几个直径 2.5 米的圆。把参加者分成人数相等的两队，面对面站在排球场的两条边线后面。

开始，各队在每个圆内站一个人。裁判发令后，双方两手抱脚做单脚跳，并用肩互撞，谁若站立不稳双脚着地或退出圈外者为败。胜者得 1 分。每人做过后，以积分多的队为胜。

【规则】

1. 不得用头撞人，不得用手推人或拉人。

2. 屈起的脚落地或退出圈外就算失败。

推人出圈

【适用】

小学中、高年级

【方法】

在场上画两条相距 6 米的平行线，两线中间画直径 2.5 米的圆。把参加者分成人数相等的两队，报数后面对面站在两线后面。

开始，各队1号进圈。双方在圈内用双手搭在对方肩上，并用力互推，把对方推出圈者为胜，胜者得1分。按顺序继续进行，每人做过后，以积分多的队为胜。

【规则】

1. 裁判发令后才能推，不得有意用头撞人。
2. 双脚落在圈外算失败。如有一脚在圈内仍可有战斗的机会。

单人推"车"

【适用】

初中

【方法】

在场地上画两条相距8～10米（可按年龄大小决定距离）的横线。参加者排成两列横队站在起点线后。前后两人一组，前排参加者做俯撑分腿为"小车"，后排参加者站在前排参加者两腿之间，两手握前排参加者膝部，做推车人。

裁判发令后，每组小车推到前面横线后，两人交换，返回起点。

【规则】

1. 裁判发令后才能超越起点线，推车人过前面横线后才能交换。
2. 前排队员（小车）两脚不得触及地面。

拉网丰收

【适用】

小学中、高年级

【方法】

画两条相距50厘米的平行线，将参加者分成人数相等的两队，按身高排成横队，面对面站在两条线后，两人（两队各一人）一组，每组手拿一根短绳，两人各扯一端为鱼网。

开始，双方做好准备。裁判发令后，开始用力把对方拉过横线。凡把对方拉过两条横线来的就得 1 分。以得分多的队为胜。

【规则】

1. 发令后才能用力拉。

2. 把对方拉过两条横线就算胜利。胜者得 1 分。

3. 不许故意松手摔倒对方。松手者算失败，对方得分。

握棒拔河

【适用】

小学低、中年级

【方法】

画一短线为中线，准备一根小木棒。参加者分成人数相等的两队（每队 3～5 人为宜），两队面对面站在中线两侧，设裁判员 1 人。

开始，裁判员发出"预备"口令时，两队的排头双手握同一根（横向）小木棒，后面的人紧抱着前面人的腰部。裁判员发出"开始"口令时，两队使劲向后拉，把对方全部拉过中线的一队为胜。

注：也可以规定只要将对方队员 1～2 人拉过中线为胜。比赛可按三局两胜制进行，每局结束后双方互换场地，继续进行。

【规则】

1. 不允许松手，松手散开的队算失败。

2. 不允许一方故意撒开握棒的手。

拉人入圈

【适用】

小学中、高年级

【方法】

画两个同心圆，大圆周线与小圆周线之间距离 0.5～1 米（可根据参加者情况而定）。参加者分为人数相等的两队，甲从站在大圆线外，乙队站在小圆线内，面向圆心。

开始，甲队参加者沿大圆顺时针方向跑动，乙队参加者沿小圆逆时针方向跑动。发令后，全体学生立刻站住，乙队向后转，两队对面的参加者互相对拉，把对方拉入两圆圈之间者为胜。在一定时间内，拉人进两圈之间多的一队为胜。

【规则】

1. 沿圆圈跑时，未发令不得停下来，跑时不得踩线。

2. 只许拉不许推，一只脚过线就为拉进。

3. 只能一对一，不允许两人拉一人。

手扶拖拉机赛

【适用】

小学中、高年级

【方法】

画两条相距 10～15 米的平行线，一条为起点线，一条为终点线。把参加者分成人数相等的两队，每队再分成三人一小组，其中两人并排站在前面，内侧手相拉，第三人将一腿跨在前二人互拉的手臂上，两手搭在两人的肩上，组成"手扶拖拉机"。

发令后，两队第一组的前两人走步前进，第三人单脚跳跃前进，模仿手扶拖拉机开动，迅速"开"到终点。先到终点者得一分，最后以积分多的队为胜。

【规则】

1. 只能走动和单脚跳跃前进，不许跑。

2. 中途两人互拉的手不得松开，"手扶拖拉机"如发生故障，要从头开始，或判失败。

拔 河

【适用】

小学中、高年级

【方法】

画 3 条平行线，间隔 1.5 米，中间的为中线，两边的为"河界"。准备一条绳，绳的中间拴一条红带为标志带。把学生分成人数相等的两队，对面站立，每队选指挥员一人，其余队员分别站在"河界"线后，握紧绳子。标志带对准中线。

发令后，双方队员在各自的指挥员的指挥下，一齐用力拉，把标志带拉过本队"河界"为胜。

注意事项：如双方对峙时间太长，应停止，休息后再战。

【规则】

1. 鸣哨后才能够用力拉。

2. 拔河时不得在地上挖坑或借助外力。

3. 胜负以标志带过"河界"垂直面为准，也可采用三局两胜制。

看谁先拿到

【适用】

小学中、高年级

【方法】

画一正方形（方形大小，要根据参加者两臂之长和绳圈大小而定），四角上各立一根小木柱。准备一条两头相接的绳子（铁环也可以）。把参加者分成人数相等的四个队，每队按顺序出一人，走进方格内，单手拉绳子一角。

发令后，四人同时用力拉绳，同时用另一手去取自己前面的小木柱，先拿到者为胜，记一分。以积分多的队为胜。

注：也可在地上画一圆圈（直径可根据参加人数和绳圈大小而定），参加者站在圈内单手向外拉，先出线外者为胜。

【规则】

1. 发令后才能开始用力拉绳。

2. 未停止前，不得随意松手。

对抗赛

【适用】

小学高年级，初中

【方法】

在场上画两条相距 8 米的平行线，两线中画数个 3 米直径的圆圈，把参加者分成人数相等的两队，分别站在线外。每个圈内各队站一人。

方法有下列四种：

1. 二人各拉短绳一端，设法将绳拉到自己手中，使对方出界。

2. 二人各提起一条腿，另一条腿支撑着地，用肩或背抗推对方，使之出界。

3. 二人双手抢夺一个实心球，尽力夺到自己手里。

4. 二人对面站立双臂前伸，双手互推，使对方出界。

【规则】

1. 不许用规定以外的身体部位触及对方。

2. 脚踩线算出界。

推小车比快

【适用】

小学高年级，初中男生

【方法】

可划定一定的距离，设置好起跑线和终点。把参加者分成人数相等的三队，分别成纵队站在起跑线后，各队第一、第二人组成小车。做法：第一人俯撑在地上做"小车"，第二人两手握住他的踝部或小腿做推车人。

发令后，"小车"用两臂向前爬行，推"车"人跟随前进，绕旗后二人互换位置再往回推"车"，先到达的队得一分，最后以得分多的队为胜。

【规则】

1. 中途如脱手拆散"小车"，应重新组好才能继续前进。

2. 发令后才能开始，二人动作要协调一致。

拉过线来

【适用】

小学高年级，初中

【方法】

在场上画一条横线。把参加者分成人数相等的两队，对面站在横线两边，两脚开立，两手互握对方手腕。

发令后，双方用力拉，力争把对方拉过线来。把对方拉过线的就得一分，最后以得分多的队为胜。

【规则】

1. 发令后才能用力拉，不得随意松手。

2. 把对方双脚均拉过线为胜。

顶　牛

【适用】

小学高年级，初中

【方法】

在场上画3条相距1.5米的平行线，中间一条为中线（在线上放若干个实心球），两边的两条为界线。把参加者分成人数相等的两个队，分别站在界线后。

开始，每队出5名队员，双方对面站在中线两侧，双方将实心球顶于头前部位，并用双手扶住。发令后，各自使劲顶对方。在规定时间内，把对方顶出界线者得一分，最后以得分多的队为胜。

【规则】

1. 被顶出界线为失败，若未被顶出界，则可以进行反顶。

2. 到了规定时间，看队员在哪半场，如甲队在乙队半场上，则甲队得分；反之，乙队在甲队半场上，乙队得分。

3. 不许踢人、推人和拉人。

拉杠比劲

【适用】

小学高年级，初中

【方法】

在场上画一条横线为中线，把参加者分成人数相等的两队，分别站在中线的两侧，准备体操棒若干根。

开始，每队前六人站在中线两侧，双方对面站立，两人同时握一根体操棒，坐下，两脚相抵。发令后，各自向后拉，设法把对方拉起（使臀部离开地面）。把对方拉起者为本队得一分，再换下一组队员进行。最后以得分多的队为胜。

注意事项：尽可能在体操垫子上进行。

【规则】

1. 未发令不得用力拉。

2. 不得随意松手。

托砖竞走

【适用】

小学高年级，初中

【方法】

在场上画一条起点线，线前 15～20 米处，并排插四面小旗，把参加者分成人数相等的四队，各成一路纵队，分别站在线外。

开始，各队排头右手托住 2～3 块砖（单手、双手托，或臂前平举、侧平举托，以及托几块砖均自定），向前竞走，绕过小旗，再走回本队把砖交给第二人，自己站在队尾。第二人以及其他队员用同样方法进行，最后以完成任务好的队为胜。

每四人一组进行比赛或进行接力赛均可。

注意事项：可用其他物件代替砖块；注意安全，特别是在交接砖时，防止砸脚。

【规则】

1. 发令后才能起动，托砖的方法要符合要求。

2. 前一人必须把砖放在后一人手中以后才能离去。

3. 途中掉砖时，要在原地放好才能继续前进。

✎ 格　斗

【适用】

小学高年级，初中

【方法】

并排放四条长凳，间隔 1 米，把参加者分成人数相等的两队，分别站在凳子的两端。

发令后，各队前四名队员分别走上长凳，各与对方队员对面站立，同侧的脚相抵，另一只脚可向后伸到最能维持身体平衡的地方，然后二人用单手或双手开始格斗，即互相推、拉、闪等，致使对方落地为止。落地者为失败，最后以优胜者多的队为胜。

【规则】

1. 格斗的二人，只限于用手推、拉对方的手臂，不准推、拉别的部位。

2. 后脚可以抬起。

3. 已落地时不得故意拉下对方。

ZHONGXIAOXUESHENG XIAOWAI TIYU HUODONG ZHINAN

背拉对抗

【适用】

小学高年级，初中

【方法】

在场上画两条相距 8 米的平行线为终点线，两线中间画一条中线。把参加者分成人数相等的两队，分别背立在中线的两侧。

开始，背对的二人互相挽臂，发令后，二人对抗，尽力将对方背起，争取把他背拉到面前的终点线。如此比赛，最后以背拉对方人多的队为胜。

【规则】

1. 发令后才能互背，挽臂后不能随意放松。背过线为胜。

2. 被背者不得用脚踢人。

3. 男女生分组进行。

同心协力

【适用】

初中

【方法】

在场上画三条相距 2 米的横线，中间一条为中线，两边两条为终点线，把参加者分成人数相等的两队，分别站在线的两端。

开始，每队前 5~6 名队员走到中线，两队队员间隔排成一列横队，向相反的方向站立，两臂屈肘互挎，两脚开立（左右、前后开立均可）。发令后，两队用力分别向前拉，尽力把对方拉过本队前面的终点线。然后换人做，最后以获胜次数多的队为胜。

【规则】

1. 不许故意松臂，不得用脚绊人。

2. 必须按照口令开始动作。

飞行员

【适用】

初中

【方法】

在场上画一条起飞线，线前 10～15 米处并排插四面小旗，把参加者分成人数相等的四队，各队前四名队员站在线外组成一架飞机。做法：第一、第二人在前，内侧臂相拉；第三人趴在第一、第二人手臂上，两手分别和第一、第二人的外侧手相握；第四人在后，两手握住第三人的两小腿，夹住自己的两腰侧，形成"飞机"。

发令后，各队第一架飞机迅速向前飞行（快走或快跑），绕过标志返回本队站在排尾，第二架飞机继续飞行，依次进行。先飞回的飞机得一分，最后以得分多的队为胜。

注意事项：要注意安全，第一、第二人千万不能松手，如抬不动，可让做"机尾"的人先将第三人的脚放下。

【规则】

1. 飞行时不得随意松手，如机身脱节，必须在原地重新组织好再继续飞行，否则为失败。

2. 发令后才能飞行。

负重赛跑

【适用】

初中

【方法】

在场上画一条起跑线，线前 15 米并排放 4 个间隔 2 米的标志物。把参加者分成人数相等的 4 个队，分别正对标志物成纵队站在起跑线后。每队排头背负一个重物（用实心球、沙袋或特制的木"子弹箱"等均可）。

发令后，各队排头扛起重物向前跑，绕过标志物回来将重物交给第二人，自己站在本队的排尾。如此依次进行，先跑完的队为胜。

可以增加难度，例如让参加者背重物途中越过几个障碍物。

【规则】

1. 发令后或接到重物后才能过起跑线。

2. 必须按照规定的方法携带重物。

3. 必须绕过标志物，不得跨过标志物或中途折回。

象步走

【适用】

小学高年级

【方法】

A、B两人面对面取角力姿势，A保持姿势、将手放在B身上不动；B双腿分开挟住A的身体，并把脚盘在A的背后；进而，B再用双手抓住A的脚腕，A双手撑地向前走。

要做这个，需按下列步骤进行：

（1）A、B相对而立；

（2）A半弓步站立，并用双手扶住B腰部；

（3）B双手搭在A的肩上，借助A的力量轻轻跳起，两腿分开前举、挟住A的腰部并把双脚盘在一起；

（4）B紧紧盘住双脚，同时身体向后慢慢倒去，把双臂、头、上体从A的双腿之间穿过，并用手抓住A的脚腕；

（5）A身体缓缓前倾伏下，双手撑地成俯卧撑姿势。

撑骆驼

【适用】

小学高年级男生

【方法】

各队以 4 米为间隔，排成相互平行的一列纵队。在各队跑道上，每向前 2 米，各安排一名队员，一共安排 4 名。此 4 名队员一律背对起跑线，叉开双腿，向前弯曲上肢，双手支撑膝上，成一峰"骆驼"。口令发出，队员一个连一个向前跑出，并按顺序将手撑在"骆驼"背上，分腿跳跃。待跃过第四个"骆驼"后，从右侧绕回，并在起点前按原来顺序排成一列纵队，以最早完成组为胜组。

扶"菩萨"

【适用】

小学高年级男生

【方法】

参加者两人一组，一前一后站好。前者双臂伸直放在身体两侧、取直立姿势。后者距前者约一步远、双腿叉开、双手拇指抵住前者肩颈处。后者作好准备后发出口令，前者保持原来姿势、身体挺直向后倒去，后者则用力支住。反复进行数次后，两人交换位置。

举　腿

【适用】

小学高年级以上

【方法】

两腿向前伸直呈坐式，然后两腿向上举，身体呈 V 字形。尽量长时间保持这个姿势。开始可以举单腿练习，或开始时向前举，然后再横向举或向上举，逐渐加大运动量。

支撑倒立

【适用】

小学高年级以上

【方法】

保护者握住参加者的脚脖帮助其倒立。臂力好的人在做这个动作时还可以屈伸双臂。

平衡较力

【适用】

小学三、四年级以上

【方法】

全体参加者分为人数相等的两组，围在固定好的横木、平衡台等的周围相对而立。听到"预备"的口令后，各组第一名登上平衡台，两脚叉开做好格斗的准备。随着"开始"的口令，两人互相挑战，先将对手打落者为胜。这样，待全体队员都进行完之后，胜者多的一组最后获胜。

比赛的方法有很多，但应根据年龄、体力的差别做具体的选择，并规定不许做危险动作。

支撑倒地

【适用】

小学高年级

【方法】

一个人身体挺直向后倒时，另一个人从背后将其支撑住，慢慢放倒，在角度适当时停放，然后支撑者尽力伸直自己的身体。支撑者可以把支撑点放低或用头支撑。

俯卧撑接倒立

【适用】

小学六年级男生

【方法】

双脚抵墙，呈俯卧撑姿势，双手慢慢向后移，双脚沿墙向上攀，身体逐渐向上呈倒立姿势，然后再慢慢返回到俯卧撑姿势。

单　杠

【适用】

小学三、四年级以上

【方法】

双手握住单杠，身体在杠上成悬垂姿势，双腿带动身体前后轻轻摆动，然后利用所产生的惯力做向后跳下的下杠动作。

前面的动作习惯后，再更换稍高一些的单杠，双腿前后摆动的幅度要比前面大一些，利用身体的惯力，突然松手，做向远距离跳下的下杠动作。

逐渐熟练后，还可以做一些技巧动作。如：双手反手握杠，将身体尽量前屈，使整个身体绕杠子转一圈后，向下跳下；单臂正反手握杠，利用双腿摆动所产生的惯力，转体 90 度，向后跳下等。

注意事项：每个人须根据自己的能力做技巧动作。另外，发令官事先告诉着地的方法是很重要的。握杠的方法，也应该尽量让参加者进行各种体验。

对高年级有能力的参加者，可以指导他（她）们做难度更大一些的下杠动作，如单腿踩杠下杠动作等。

青蛙倒立

【适用】

小学三年级男生

【方法】

蹲下，两手伏地，用两肘支住两膝的内侧，重心前移，双脚离开地面，头伸直，脚尖朝前，接着用头顶住地。

单腿平衡

【适用】

小学三、四年级以上

【方法】

用一条腿直立，身体前倾，或向后倒，把另一条腿向前伸，或向后伸，以这种姿势保持平衡。抬起的腿尽量要高抬，后背尽量要挺直。辅助该运动的人，可以握住运动者的脚脖子。

拉起比赛

【适用】

小学五年级

【方法】

二人面对面坐下，腿向前伸直，脚心相互抵上。然后两人拉紧手或拿一根木棍握住，一起用力。被拉起者为失败者。

扶　人

【适用】

小学五、六年级男生

【方法】

每10人为一组，每人前后距离为5米，排成一列纵队面朝上躺下。开始，第一个人跑到第二个人处，把手放在其肩上，躺着的人将手放在身体的两侧，脚不动，在第一个人的帮助下全身笔直地站起，第一个人站在原地，第二个人再去扶第三个人……依此类推，最快全部起来的组获胜。

叠罗汉

【适用】

小学高年级男生、初中

【方法】

首先两人并排站立，屈膝。第三个人踏在两人的肩上，第四个人踩在第三个人的肩上，这样做下去，叠罗汉。通常由 3 人、6 人、10 人或 15 人来进行这个 。

平衡椅子

【适用】

小学六年级

【方法】

这个由两人来做。其中一个人 A 仰卧，两腿并拢向上举起，膝关节处稍稍弯曲。另一个人 B 坐到 A 的两只脚脚心上，双手叉腰，两腿并拢，向前伸平，保持身体平衡。

扛"袋子"

【适用】

初中

【方法】

两人相向站立，一方身体前倾、将头抵住对方腹部；另一方则双手紧紧被抓住倒过来的人的腹腰圈围，然后用力把他扛上肩后再稳稳地放在身后，变成两人背靠背站立的姿势。两人交换位置、继续。

注意：该活动不适合在小参加者中进行；初中男生、青年男子做这项时，最好也有人在一旁保护。

手推车

【适用】

初中男生

【方法】

取适当距离画两条线，一条作为起跑线、一条作为中线。参加者两人一组，其中一人向前卧倒、用臂支撑身体，另一人抬起卧倒者双脚（要抓住脚腕处，且不能抬得过高）。卧倒者以手代足向前移动，抬其两脚者则随着移动的节奏向前走去。待两人都进入中线之后，互相交换位置，按同样要求走回起点，按各组回到起点的先后确定胜负名次。

车 轮

【适用】

初一以上

【方法】

一个人仰卧在地，向上举起自己的双脚，另一人面朝仰卧人，双脚夹其头部而立。然后，双方彼此用手抓住对方的脚脖子，以这种姿势向前滚动。

最初，彼此可以把对方的脚靠在自己的肩上，做小转动。逐渐则可尽量伸展开胳膊、腿，做大旋转。

交叉行走

【适用】

初中女生

【方法】

两脚并齐站好。先将左腿从右腿的后面，通过右面绕到右腿的前面。

再将右腿从左腿的后面，绕到左腿的前面，左右腿交替转动，向前走（一条腿往前走时，另一条腿以脚尖为中心转，身体稍稍倾斜，膝盖弯曲，这样比较容易走）。

单脚支撑拉绳

【适用】

小学中、高年级

【方法】

画两个直径 2 米的圆圈，每两人一组，分别站在圆内用一只脚支撑着地，相互拉着一条短绳。

发令后，两人互拉绳，把对方拉出圆圈为胜。

【规则】

1. 发令后才能用力拉，不得随意松手。

2. 比赛过程中不得换脚。

3. 比赛中，提起的脚落地为失败。

毒　蛇

【适用】

小学三年级以上

【方法】

全体参加者（10～30 人）手拉手围成圆圈，中间放置一些假设成毒蛇的木棍，木棍呈圆形排列，棍棒与参加者的位置相距 2～2.3 米。开始后，参加者一起围着木棍组成的圆圈转，互相挤撞，碰到圆木棍者立即停止比赛。所谓毒蛇，是因为全体参加者手拉手互相拉推组成的图圈酷似蛇爬行而得名。

推棒比赛

【适用】

小学 4～6 年级

【方法】

准备一根结实的木棒，相距 10 米处插上两面小旗，木棒中央用绳子宽松地拴住，并连结小旗，木棒与绳子呈斜角，木棒交叉点为对称点。参加者分成红、白两组，各自在特定位置上握住木棒。开始后，各组向对方推木棒，位于本方的旗子先倒者为负。

腿角力

【适用】

小学三、四年级以上

【方法】

两人相对而坐，将右腿举起两手支撑于身后，用举起的右脚蹬对方，蹬倒对方者为优胜者。

也可以两人头朝相反方向仰卧，两腿伸直，将内侧的一条腿向上举起，等待信号。比赛开始后，屈膝钩住对方的腿，首先站起者为胜者。

红、白三人相扑

【适用】

小学高年级男生

【方法】

画一个直径为 5 米的圆圈。红队和白队的队员面对面站在圆圈的两侧。每队各出 3 人进入圆圈等待发令。

当裁判员发出"开始"口令后，各队队员同心协力与对方队员摔跤

（摔跤方法，原则上不准许腿绊人）。有人被摔倒或被推出圈外时，这个人就失去了继续比赛的资格。本队的其他队员应马上补充上来（被摔倒的人走出圈外后，才能补充人）。这样，由于不断补充人员，圈内始终保持着3对3的局面，直到一方将对方的所有人都摔输了，比赛才算结束。

回旋相扑

【适用】
小学三、四年级以上

【方法】
在地上画一个半径为2.6米的内圆，再画一个半径为5.5米的外圆，以两圆之间的空间作为回旋跑道。在回旋跑道上画半径为2米的A圆、B圆、C圆，这三个圆以相等的距离排开，参加者分成三组，分别进入A、B、C圆中。

听到站在圆中央的裁判"向右"的口令，各组组员以回旋跑道为中心快速向右跑，绕一周后进入本组的圆中，跑的中途可随意推倒其他组的人，或推到圆圈外。如果被人推倒，或被推到圈外，就失去了竞赛资格，必须站到圈外。最后剩下人最多的组为优胜。

单腿摔跤

【适用】
小学三、四年级以上的男生

【方法】
这种活动是单腿相扑。画一直径约2.5米的圆，参加的5~6个人进入圆内，双手交叉抱在胸前，单腿直立。

听到"开始"的口令，相互用肩膀推撞对方，被推到圈外的人为失败者。另外，双脚着地或摔倒对方也为失败。失败者站在圈外。圈内最后剩下的人为胜者。

参加者较多时，可以分成若干组进行，各组的优胜者可以再决一雌雄。

单腿相扑

【适用】

小学三、四年级以上的男生

【方法】

画一直径为 1.5~2.5 米的圆圈，两人单腿站在圈内，互相推撞，把对方推向圈外，或拽开对方握脚的手，使其脚着地等等。

规定：没握住脚的那只手相扑时不可使用。可以把手绕到背后，握住同一侧高抬起来的脚脖子；也可以双臂交叉抱在胸前。握住高抬起来脚的手可以是同一侧的，也可以是另一侧的。

跪坐摔跤

【适用】

中小学男生

【方法】

两个人对面跪坐，跪坐着进行摔跤。按照规定的口令开始摔跤。如果一方的膝盖离开草垫子或地板，或者是一方被推倒了就算输。禁止攻击面部或做其他属于"越轨"的行为。

平　衡

【适用】

小学三年级至初中三年级

【方法】

两人靠近相对而立，弯曲两腕，掌伸向前，高度与肩等同，来推对方手掌，使得对方重心转移，站立不稳，先移动脚者负。

在一条直线上两人相互握住右手，将右脚伸向前，脚外侧相互接触，左脚向后拉开，开始后立刻用右手拽住或向横拉，使得对方重心转移，导致两脚站立不稳。

两人开脚而立，用右手握住绳子的两端，开始后将绳子前后左右拉拽，使得对手重心移动，两脚位置变动，脚从地面离开为负。也可以直接用两手来进行。

两人对立站在平衡木上，一只手握住一只脚腕，用一条腿互相打乱对方的重心，从平衡木上掉下为负。比赛时可分成数组，双方各派一名队员依次上场，然后计算总成绩。

分成两组，双方各派出一人，相对骑跨在离地面 1～2 米的圆木头上。一只手把住木头，用身体支撑住，另一只手将对手推下木头，地面准备沙和棉垫。高度和地面按年龄合理确定，并且要注意安全。

两人相对坐在粗圆木上，保持身体平衡。开始后除拉、拽、踢等野蛮动作外，可以任选其他一切方法，来移动对方重心，使之从木头上掉下来。

推人下马

【适用】

小学高年级男生

【方法】

3～4 人一组，1 人当骑手，另外 2 人或 3 人警"马"。如果是 2 人，1 人站在前面做马头和前腿，另一人拽住前 1 人的皮带身体向前倾做马的身体和后腿。如果是 3 个人，1 人站在前面，其他 2 人并排站在前者身后伸出内侧手臂搭在前者肩上，骑手骑在后面两上的手臂上。后面两人用另一只手分别和前者的手拉在一起做马蹬，给骑手支腿。

这 3～4 个人的小组可以和其他小组赛跑，也可以编队进行团体接力，还可以把骑手推下马来或摘骑手的帽子。

如果做推人下马的，马是这样的：比如 3 个人，站在后面右侧的人把左手搭在前者的右肩上，右手从前者右侧腋下伸出和前者的左手握紧。站在后面左侧的人用同样方法在左侧做圈，骑手分别将两腿插入两侧圈内，骑在上面。

飞身上马

【适用】

小学高年级以上

【方法】

参加者以 8～10 名为宜，有个人活动和集体活动两种做法。

个人：将 8 个人分成两组，每组 4 人。由两组的代表划拳决定哪组当马哪组当骑手。马组按顺序排好，从第 2 人开始逐次抱住前 1 人的腰连在一起。从骑手组第 1 人起逐个骑马，待 4 人全部骑完后，马组第 1 人和骑手组第 1 人划拳，赢者当骑手，输者当马排在后面。马组第 2 人直起腰同骑手组第 2 人划拳。以下重复进行。

集体：由两组的代表决定马组和骑手组。像个人那样连成马，骑手轮班骑马。这回要尽量给马增加重量，要通过助跑飞身上马，1 个人，2 个人，3 个人逐渐增加重量。最后 1 人骑上后马可能被压倒，如果被压倒下次还要当马，如果没被压倒，下次由对方当马。

抬轿子

【适用】

小学五、六年级

【方法】

这是一种由 3 人、6 人或 9 人进行的。3 人一组，搭成一个轿子进行。

两个人先面对面地站立，各自用右手握住自己的左手腕，用左手握住对方的右手腕，组成一个"井"字。另外一个人把两腿分别插入组成"井"字的那两个人的胳膊中间，然后骑在上面。抬轿者喊着号子把他抬着走。如果"轿子"有两组以上，可以相互进行摔跤等。

戴 冠

【适用】

小学高年级男生

【方法】

让 1 人靠墙或楼房的墙围子站立，另外 1 人面对着他屈身，把头放在他的胸前，手叉腰，摆"马背"的姿势。第 8 人扮成"骑手"，跳上"马背"，想给站立者戴冠（把手放到站立者的头上）。"马背"保持原来的姿势摇晃身体，要把"骑手"摔下来，不让他给站立者戴冠。如果"骑手"被摔下来，他就要接在第一个"马背"的后面，摆好姿势，扮成第二个"马背"。以下失败者依次摆好姿势排在后面。"马背"的行列逐渐扩大了，"骑手"为了给站立者戴冠，在"马背"上依次向前移动，向站立者前进。途中，要多次遇到被摔下来的危险。

如果戴冠成功，"骑手"要和站立者调换位置。站立者则排到"骑手"队列后面。

ZHONGXIAOXUESHENG XIAOWAI TIYU HUODONG ZHINAN

球类体育活动指南

球类体育活动在体育课上也是重要的学习项目之一，本部分选择的活动有助于提高同学们对球的敏感性，从而更好地掌握球类运动的技巧。

滚翻快、接球准

【适用】

小学中、高年级

【方法】

画一条起跑线，在线前3～5米并排放四块垫子，间隔2米，垫子前5米处各画一个直径1米的圆圈，圈内放一篮球。把参加者分成人数相等的四个队，分别成横队站在起跑线后。

发令后，各队第一人迅速向前跑，在垫子上做一个前滚翻动作，然后跑到圆内把球举起，同时高喊"跑"。本队第二人听到喊声向前跑，同样地做一次前滚翻，起立后，要接住第一人从圆内传来的球，接球后持球继续前跑，到圆内将球举起，做第一个人同样的动作。第一个人把球传给同伴后就跑回本队站到队尾。按上述方法做下去，直至本队全部做完。最后以传、接球准确，跑得快的队为胜。

【规则】

1. 传球人必须用双手胸前传球的方法将球传出；做完前滚翻后，未接到球不得前进。

2. 未跑进圆圈，不能举起球喊"跑"。听到"跑"的口令才能跑出。

注：前滚翻的动作也可以改为后滚翻。

踢球进门

【适用】

小学，初中

【方法】

在排球场端线中央划距离 5 米的两条垂线做球门（或利用足球门）。在球门 8~11 米处划直径 1 米的圆圈做踢球区。分人数相等的攻守两队，双方各站在预备线上，守队排头做守门人站在球门内。

裁判发令后，进攻队第一人在踢球区内向球门踢球，踢完后站回本队，第二人接着踢球，依次进行，防守队也相应依次调换守门员，攻队轮完后与守队互换，踢进一球得一分。最后以得分多的队为胜。

【规则】

1. 踢球时必须在踢球区内，否则踢进不算。

2. 踢进高于守门员双手上举的球尤效。如有固定球门，以球进门为得一分。

足球运球

【适用】

小学中、高年级，初中

【方法】

在场地上画两个直径分别为 8 米和 9 米左右的同心圆，并在两圆之间截 50 厘米长的一段为接力区。参加者分别组成人数相等的两个队，同时准备足球两只。开始，各队第一人将事先放在接力区内的足球用脚盘着沿顺时针方向运一圈，等球运回接力区内，自己站到本队的排尾，第二人在接力区内接住球，然后也盘着球前进，后面的人用同样方法依次进行，最后以先

完成的队为胜。

【规则】

1. 球滚出两圆之间，应将球运回接力区重新开始。

2. 球运入接力区内停住后，后面的人才可接下去运球。

足球过人

【适用】

小学中、高年级，初中

【方法】

在 10 米长左右的空地上画一条起跑线，相隔 1 米左右放一只木制手榴弹或啤酒瓶、木棒之类的东西，如此隔开一段距离放两排，最后插上一面红旗。参加者分成人数相等的两个队，依次排在起跑线后。准备足球两只。

开始，甲、乙两队第一人同时以"S"形运球，绕着放在地上的木制手榴弹或啤酒瓶等，再绕过红旗返回，以同样方法运球传给第二人，后面的人依次以同样方法进行，最后以先到的队获胜。

【规则】

1. 不能用手触球，一定要以"S"形绕行。

2. 不能碰倒放在地上的东西。

3. 一定要绕过红旗仍以"S"形绕行运球。

凡是未做到以上三点判失误，必须回到起跑线上重来。

运球、传球接力比赛

【适用】

小学低、中年级

【方法】

画一条起跑线，把参加者分成人数相等的四队，分别成纵队站在起跑线外.每队第一人手持一个大皮球（或儿童篮球）。在各队起跑线前 5 米处，画一个长方形，在长方形内画 5 个正方格，在最末一个正方格前画一个直径 50 厘米的小圆圈，圈前 3 米处画一条横线为接球线。

开始，每队选一接球人站在接球线外。发令后，各队第一人持球跑到第一方格前，依次运球过格，在每格内运球一次，然后双手持球跨跳进入圆内，用双手胸前传球方法传球给接球人，自己跑到接球线外。接球人接球后，持球跑回本队，把球传给第二人，自己站在本队排尾。第二人用同样的方法进行。以完成得快的队为胜。

【规则】

1. 拍球一下移动一格，不得越格，不得压线。

2. 接球人在接到球之前不得越过接球线跑动。

看谁先踢到

【适用】

小学高年级，初中

【方法】

在场上画若十个每边 1 米长的等边三角形，并在三个角的顶点向外画一条约 1~2 米长的线，线端放一个小足球。把参加者分成人数相等的三队。

各队排头站在三角形内，背对背同时互相握住一只手腕，对准自己前面的球站立。发令后，各自用力向前拉，争取将另外二人拉向自己一方，并首先踢到自己前面球的为胜。

另外一种做法：男女生分开做，2~4 人进行均可，也可用手拉三角绳或用绳子套在腰上，用力拉向自己一方去踢球。还可以改脚踢球，以双手触前边的物件。

【规则】

1. 不得随意松手。

2. 每踢中球一次得一分，松手踢球不算得分。

踢球射门

【适用】

小学低、中年级

【方法】

在墙上画一长方形线为足球门，并把"球门"分成几个区域，标出号码。在距墙 7～10 米处画一条起点线，线上放两个小足球。把参加者分成人数相等的两个队，每队第一人站在起点线后，各队选一人做记分员。

发令后，各队第一人将球踢向"球门"，球触到几号区域，就得几分，唯有踢中 1 号区得 5 分。踢一次就换第二人做。依次进行。最后以积分多的队为胜。

【规则】

1. 每人只能踢一次。

2. 将球踢在两个区域交界处，以分数少的计算。

运、传球

【适用】

小学低、中年级

【方法】

在场上画相距 10～12 米的两条平行线，把参加者分成人数相等的两队，每队分甲、乙两组，面对面错开站立在线后，在各组线前 4 米处各画一个直径 1 米的圆圈。

各队甲组第一人手持小篮球站在线后，发令后，立刻向对面小圆圈运球，到小圆内立即急停，然后把球传给本队乙组第一人，自己站到乙组排尾。乙组第一人接球后，用同样方法向对面进行，传球给甲组第二人后自己站到甲组排尾。全队队员都轮做一次，甲组第一人接球时，立刻将球举起。以先举起球的队为胜。

【规则】

1. 必须沿规定路线和动作完成运、传球。

2. 运、传球失误，要在失误处重新开始。

3. 不得持球跑，否则为犯规。

快来接球

【适用】

小学低、中年级

【方法】

在场上画两组直径为 1 米的圆圈，每组由 3 个圆圈组成等边三角形。每个圈外 1 米处画一条预备线。把参加者分成人数相等的两队，每队又分三个小组，分别站在预备线后。

开始，各队甲组排头，持球站到圆圈内做好传球的准备。发令后，甲组排头用传反弹球的方法将球传向乙组的圆圈。乙组排头见甲组排头传球后迅速进圈接球，并用同样方法传球给丙组排头，丙组再传给甲组。如此依次进行，传球后都站到本组排尾。最后以传球快的队为胜。

【规则】

1. 不准在圈外传、接球。当传球人将球传出时，接球人才能进圈接球。

2. 传球失误，应由失误人将球拾回圆内重做。

小足球运球比赛

【适用】

小学低、中年级

【方法】

在场上画两条相距 20～25 米的平行线，两线中间并排画四个直径 1 米的小圆圈。把参加者分成人数相等的四队，每队分甲、乙两组，各队甲、乙组面对圆圈分别站在两边线后，各组排头前放一个小足球。

发令后，各组第一人同时按规定的路线和规定的运球方法运球，当运到圆圈外，一律逆时针方向运球一周，然后运到对面，将球放在对面组的排头前，自己站在排尾，第二人继续做，如此依次进行，先运完者为胜。发令官可随时根据进行情况讲评。

此活动需在已经学会运球方法的人中间进行。

【规则】

1. 必须按照规定动作运球。

2. 两人运球中间相遇时，不得妨碍别人。

3. 到达对面组时，必须把球停住放在线前，不得传球。

堡垒球

【适用】

小学中年级

【方法】在场上画两个相距20米、直径为1.5米的圆圈为堡垒。把参加者分成人数相等的攻守两队，攻队站在一垒后，面对堡垒，守队分散在两垒之间。

发令后，攻队第一人站在队前垒内，手持小皮球，用一手将球抛起，用另一手将球向前或左、右前方击出。球击出后，速向另一堡垒跑去，守队队员设法接球掷击正在跑垒的队员，如击中则判攻队队员出局；如击球员已安全到达二垒，则由攻队第二名队员击球，第二人击球之后，同样向另一堡垒跑去，第一击球员可乘机跑回原垒得一分。如此进行，最后以积分多的队为胜。

【规则】

1. 攻队先后有三名队员出局，则两队交换攻守位置。

2. 击球时不得出堡垒或踏线，只能击球不准扔球。

3. 守队掷击时，只准击背部和髋关节以下部位。

4. 另一垒可同时站几个队员，但不许偷跑，必须等下一队员将球击出时才能跑回本垒。

5. 攻队队员击球未中判出局。

6. 守队不得阻挡攻队队员跑垒。

运球接球

【适用】

小学中、高年级

【方法】

画两条相距 2 米的平行线，作为传球区，线前 15 米处并排插四面小旗（或其他物件），把参加者分成人数相等的四队排成一路纵队，站在传球区后（对准前面的小旗），各队排头手持一个小篮球（或排球、小足球）。

发令后，各队排头立刻运球行进，绕过小旗运球回到传球区，将球传给第二人，自己站在排尾，第二人接着做。依次进行。全队完成后排头将球举起。完成快的队为胜。

【规则】

1. 发令后或接球后才能越线跑出。传球人必须运过线后才允许将球传出。

2. 运球必须绕过小旗。

3. 不得持球跑。运球失误，应从失误处重新运球。

运球抛接

【适用】

小学中、高年级

【方法】

画两条相距 30 米的平行线为起跑线，线之间每隔 6 米放一横架，架高约 2 米（或用拉皮筋方法代替）。把参加者分成人数相等的两队，每队分成甲、乙两组，对面站在起跑线后。

各队甲组排头手持篮球，发令后，向前运球到横架处，将球抛起使之越横架，在球落地之前，从横架下跑过接住，再运球、抛球，依次通过横架，将球传给本队乙组第一人，自己站在排尾，乙组第一人接球后按上述方法向甲组方向进行，并将球传给甲组的第二人。依次进行，最后以先完成的队为胜。

【规则】

1. 抛起的球，必须越过横架，否则重抛。

2. 必须在球落地前将球接住，否则无效。

3. 持球后，必须运球前进，不得持球走。

半场小足球

【适用】

小学中、高年级

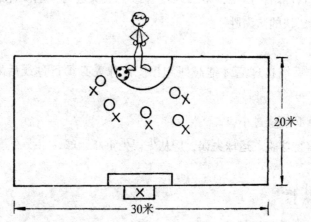

【方法】

场地布置如上图所示，在端线上立一个球门，门前画一个球门区。把参加者分成人数相等的攻、守二队，选一名守门员站在守门区，其余攻、守队队员分散在场上。

发令后，攻队一队员从圈内把球踢入场内，攻队相互传球，设法将球踢进球门，踢入可得2分，重新在圈内发球。守队积极主动抢截，破坏对方的进攻，并争取把球踢回。在规定时间内攻、守二队互换位置。在攻守队相等情况下以积分多的队为胜。

【规则】

1. 不得推、拉人，不得用手触球。

2. 球出界由攻队在边线外发球。

传球比赛

【适用】

初中

【方法】

把参加者分成人数相等的四个队，分别站成圆形队，面向圆心站立，并选出一个主要传球人，手持一个排球站在圆心。

发令后，各圈内的传球人把球依次托给站在圈上的人，站在圈上的人再将球托给托球人。以先完成的队为胜，然后再换主要传球人。

【规则】

1. 必须依次传，不得隔人。

2. 只能用上手传球方法，不得击球、扔球或踢球。否则为犯规。

注：站在圆中间的传球人必须选传球技术好的人。

运球绕过障碍

【适用】

小学中、高年级，初中

【方法】

画两条相距2米的平行线，中间为传球区。距线20米处并排插四面小旗为标志物，传球区与标志物之间增设三个障碍物（可用小旗、小木柱、手榴弹、实心球等物），把参加者分成人数相等的四队，分别站在线外。各队排头手持一小篮球（排球或小足球）。

发令后，各队排头运球依次绕过各个障碍，绕过小旗后，再运球依次绕过障碍物回到传球区，将球传给第二人，自己站到排尾。依次进行，以

115

先完成的队为胜。

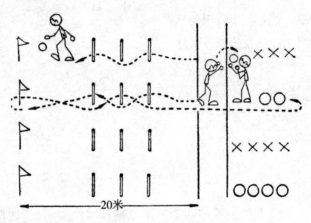

也可让参加者排成圆形队，或绕过曲线障碍运球。

【规则】

1. 不得持球跑，必须按规定路线运球。

2. 必须双脚进入传球区内才可以传球。

3. 运球中如碰倒障碍物，要放好才能继续运球。

对射球门

【适用】

小学高年级，初中

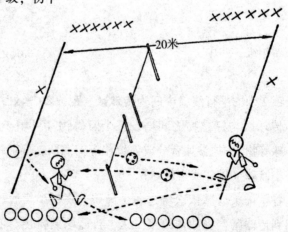

【方法】

场地布置如图所示，中间设两个活动足球门（用挡架代替或插竹竿均可）。把参加者分成人数相等的甲、乙两队，每队再分两组，各组第一人持一足球站在线后。

发令后，各组排头用脚踢球，两组的人力争同时射门，不论射中与否，迅速跑到对面一组的排尾站好。依次进行。

【规则】

1. 本队两人同时踢球均射中得 2 分。一人射中得 1 分。以积分多的队为胜。

2. 两人必须同时踢球。

✎ 对托排球比快

【适用】

小学高年级，初中

【方法】

场地布置如图所示，把参加者分成人数相等的甲、乙两队，每队再分成两组，面对面站在线外，每队排头手持一个排球。

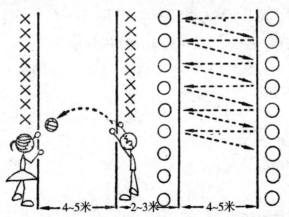

发令后，从各队排头开始依次把球托给对面的人，直托到排尾。排尾迅速从本队外面跑到排头站立（其余队员往排尾移动位置），重新开始托球。

117

【规则】

1. 必须用双手上手传球的方法托球，用手掌击球无效，垫球无效。

2. 托球时不得隔人。

3. 不得随意缩短距离。

注意事项：在活动前，应先学会双手上手传球技术。

截住空中球

【适用】

小学高年级，初中

【方法】

如图所示，每队选1~2人为抢球员站在圆内，其余队员在圈外。

发令后，圈外的人相互传、接小篮球，圆内的人积极抢断球或将球打落在地抢获，获球后，与传球失误的人交换位置。

【规则】

1. 传球人不得进圈，抢球人不得出圈。

2. 抢球人可以从传球人手中夺球，但不能触及对方身体，接球时不能用头顶球或用脚踢球。

3. 传球人不得离圈1米以外传、接球；传球时，球落地为失误，失误者与抢球人互换位置。

接球比赛

【适用】

小学高年级，初中

【方法】

画两个边长8米的正方形，每正方形的一个角上画一直径50厘米的圆圈，为击球区。把参加者分成人数相等的两队，各队选一名击球员到对方击球区站立，其他队员分散在场内。

开始，击球员把球抛起，把球击进场内（或踢球进场），场内队员迅速接球（击球员应设法避开场内队员，不让其接住）。每接住一球得 1 分，击球员可连续击球 10～15 次，然后换队员进行。以积分多的队为胜。

【规则】

1. 球压线、出界可重击球，但不得超过三次。

2. 球落地再接住无效。

✎ 迎面双传球

【适用】

小学高年级，初中

【方法】

在场上画两条相距 6～8 米的平行线，线前 1 米处各画两个直径 50 厘米的小圆圈，把参加者分成人数相等的两队，每队再分甲、乙两组，分别站在线外。

开始，各组第一人手持小篮球站在圆内，发令后，各组第一人双手胸前或头上传球，接球后迅速前跑把球交给对面小组的第二人，自己站队的排尾。第二人拿到球以后，立即进入圆内，用同样方法进行。最后以传得快的队为胜。

【规则】

1. 传球失误必须重新传，否则不得跑动。

2. 传球时不得踩线或出圆圈。

踢球进圈比快

【适用】
小学高年级，初中

【方法】
场地布置如下图所示，圆圈直径约1米，三个圆圈距离约4米，把参加者分成人数相等的若干队，分别站在起跑线外按图示站好。

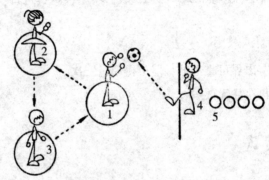

发令后，各队4号队员将球抛起用脚踢球进1圈，同时跑向1号圆内，1号人接球后用脚踢球进2号圆，并跑向2号圆内，2号人接球后用脚踢球进3号圆内，并跑向3号圆内，3号人接球后用脚踢球进1号圆内，并跑向1号圆内，1号圆内队员接球后速将球抛给5号队员，6号队员按上述动作继续，以先踢、接球跑完的队为胜。

【规则】
1. 球未踢进圈或未接住球要重踢，球落地不可以跑去站圈。
2. 圈内人出圈接球无效。

运球夺位

【适用】
小学中、高年级，初中

【方法】
画若干个直径2米的小圆圈，间隔5米左右。每个圈内站一队员，场中央站 2 ~ 3 个队员，每人手持一个小篮球。

发令后，圈内、外的人开始原地运球，同时观察发令官的信号和手势，如发令官发出"逆时针方向转动"，这时中间人可趁机运球抢占圆圈。

【规则】

1. 必须按信号运球移动。

2. 运球失误要与中间人换位。

抛传运球进圈

【适用】

初中

【方法】

画一条起点线，线前约 30 米处并排画两个直径 3 ~ 5 米的圆圈。把参加者分为 5 人一组，排成纵队分别站在线外，发令官站在队排头的左侧。

发令后，各队第一人向圆跑去，边跑边接发令官抛来的球，接球后运球到圆内站立，当第一人接到球后，第二人马上跑出接发令官抛来的球。每次抛 5 个球，5 个人均接住球把球运到圆内，以先完成好又快为胜。

【规则】

1. 按规定的方法抛、运球、传球；接球失误，要重抛、重接。

2. 每 5 人一组，计算胜负以最后一人进圈为准。

3. 只许运球跑不得持球跑。

4. 只有当前一个人接到抛球开始运球时，后一个人才可跑出起跑线。

运球投篮比赛

【适用】

小学高年级，初中

【方法】

在篮球场上，中场的两边各放一标志物。把参加者分成人数相等的两队，各成一列横队站在边线前，排头第一、第二人各持一个小篮球站在短线后。

发令后，各队第一人立刻运球上篮，投中后，自己将球接住，并运球绕过球场中间的标志物，将球传给短线后面的队员，自己站到排尾。当第一人投中篮筐并接住球时，即为第二人开始运球上篮的信号。如此依次进行。每人都做完一次，最后把球举起表示全队完成运球投篮的任务。以先完成的队为胜。

【规则】

1. 运球时不得持球走两步以上。

2. 前人投篮后未接住球时，后一个人不得超越短线。

3. 必须投中后（连续投三次不中者可接球运球，但扣本队一分），才能运球回来，绕过标志物之后才能传球。

掷球比准

【适用】

小学高年级，初中

【方法】

场地布置如图，在墙上画 2~4 个直径 1 米的圆圈（没有墙可用人代替）。把参加者分成人数相等的 2~4 队站在起跑线后，各队排头手持一个篮球。

发令后，各队排头迅速前跑到限制线双手胸前或头上向墙上圆内投击，

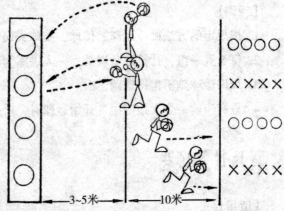

投中后接反弹球跑回，先跑到起点线的得 1 分，最后以得分多的队为胜。

【规则】

1. 必须在限制线外投击。

2. 每人有三次投的机会，球击圆线上不算成功。

3. 接反弹球时，球落地一次有效。

拨球赛

【适用】

小学高年级，初中

【方法】

利用小足球场，把参加者分成人数相等的若干队（每队 5～6 人为宜），准备足球一个，体操棒数根。

开始，队员各持一体操棒，中圈内放一足球，双方各选一争球人，发令后，双方争球人争取在对方之前将球拨给本队队员，然后用体操棒拨球传递，力争将球击入对方球门，击中得 2 分。在规定时间内以进球多的队为胜。

【规则】

1. 守门员只允许用棒拨击球，不允许用手打、接球，不允许用脚踢球。大门前的禁区对方不得入内，否则算犯规。

2. 比赛中，凡球碰到任何一队员膝部以下部位为"脚球"，由对方在触球处发球。

3. 棒子不得触及对方身体任何部位，否则为犯规。

4. 球击出场外，由对方在出界地点掷界外球。掷界外球时应双手举球过头掷入。

排球发球得分

【适用】

初中

【方法】

准备排球若干个，利用排球场，场上画好得分记号。把参加者分成人数相等的两队。队员分别站在端线外。

开始，先由各队第一人同时发球，看球落地点的记号判分，失误球算

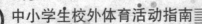

零分。每人连续发球三次，如此依次进行，直到各队每人都发球三次为止。以团体总分多为胜。

【规则】

1. 一定要在发球区发球，由记分员记分。
2. 两队双方发球空中相遇，应重发球。

抢球投篮

【适用】

初中

【方法】

在篮球场上，中圈放一篮球，把参加者分成人数相等的两队，各队第一人背向站立在罚球区弧顶。

发令后，两人转身快跑到中圈抢球，抢到球的人立即向前运球投篮，未抢到球的人进行防守。以投中篮的队为胜。不论投中与否，都回到本队排尾站好，换第二人进行。

可分几个队，用人做活动篮。

【规则】

1. 不准推、绊、拉、撞人，违者由对方在罚球线上罚球。
2. 运球时不允许带球走。

自传自垫比赛

【适用】

初中

【方法】

画几个直径4～5米的圆圈，每个圈内放一个排球。把参加者按圆圈数分成若干组。各组围绕圆圈站立线外。

开始，各组排头走进圆圈，按发令官规定的方法自传自垫，周围人帮助计数，失误后，换第二人做，每人都做过以后，以传球总数多的队为胜。

【规则】

1. 必须用规定的方法传球或垫球。

2. 出圈或球落地算失误。

夺　球

【适用】

小学中、高年级

【方法】

画直径 2 米的圆圈 3~4 个，每圆内放一个实心球。

开始，每圆内站二人，两人同时抱一个球，发令后二人尽力把球夺到自己一边。夺到球双手将球举起为胜。

也可让参加者互夺一根体操棒。

【规则】

1. 两人夺球时，不得出线，否则为失败。

2. 互夺时，如球落地，任何一方都可以快速拾起高举起为成功。

3. 两人只能夺球，不能用身体任何部位去推撞对方。

争　球

【适用】

小学低、中年级

【方法】

在运动场上画一个直径数米的圆圈。圈内放进 6 个小球。参加人分成 7 个小组。各组列成纵队，脸朝圆心在圈外分布成放射线状。

听到开始的信号，各组第一人便在圆周外开始行走。这时，其他人则唱着歌统一拍子。

裁判员一旦吹笛子，唱歌的人就要停止唱歌，走在圆周外的人要马上跑进圈里争球。球只有 6 个，所以必定会有一人拿不到球。没拿到球的人，

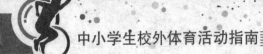

还要继续跟着下一轮圈外人绕圆周。拿到球的人，则要回到各自队列后面，让下一个人接着走外圈。这样，以最先完成全部拿过球的组为胜。

如果圈太小，争球时就会相互碰撞。所以，最好把圈画大一点。

参赛组可多可少。如果每组超过六七人可以再分出几个组。

简易棒球

【适用】

小学三年级至初中一年级

【方法】

进攻一方或者用脚踢放在本垒上的球，或者在垒垫上打球。同棒球一样，如果击球手踢出或打出的球是腾空球，球在落地之前被防守一方接住，那么击球手就要出局；如果是滚（地）球，在击球手到达长垒之前球被防守一方接住并且传到长垒，那么击球手也要出局。

长垒里进入几名未出局者都可以。但是，跑回本垒的顺序必须按照跑入长垒的顺序才能进行。回到本垒得一分。双方进攻的次数相等，得分多的一方获胜。长垒里的（进攻）队员在后面的队友踢球之前不能离开垒。一旦离开长垒，除了腾空球被对方接住以外，必须返回本垒。击球手三次将球踢出界外应出局。如有 3 人出局，那么进攻一方就要与防守一方交换。

一人出局棒球

【适用】

小学五年级至初中二年级

【方法】

与棒球相似。跑垒员被球击中，1 人出局，那么攻方与守方相互交换位置。活动中使用特定的球，或者软式网球用球。每组由 13 人左右（8～15 人）组成。双方交换 7 次，得分多的一方为胜。

【规则】

1. 投球手扔出的球应以击球手容易打上为准。击球手用巴掌或拳击球。

不计算坏球或好球。

2. 如果投球手连续几次投出的球都使击球手难以打中，就要更换投手。

3. 击球手击球后跑向一垒。

4. 击出的球如果是高空球，被防守队员用手掌打回本垒的话，跑垒员就要出局。

5. 如果没能将球打回，或者其他打出的球打在垒线内时，防守队员拾起球迅速投向跑垒员，打中其身体某一部位；或者投给垒手，由垒手投向跑垒员。如果打中就出局。

6. 进攻一方如有人出局，必须立即与防守一方交换位置。这时，由进攻变为防守的队可以采取迅速交换的战术，马上捡起球投向往本垒跑的对方队员。如果打中则立即重新交换攻守的位置。

7. 跑入本垒时，身体的任何一部分接触到本垒均有效。

8. 进攻一方除跑垒员进垒外，其他人全部在本垒内按顺序击球。如出本垒外被球打中则出局。

9. 允许跑垒员偷垒。

10. 最初的攻与守由双方队长划拳决定。

骑马传球

【适用】

小学高年级男生

【方法】

全体参加者分为红、白两组，红组在内，白组在外，分别围成面朝内的两队圆圈。根据两组代表掷硬币的结果，负方队员屈右（左）膝并将脚前伸，两手按在膝盖上，上身前倾成马状。胜方队员骑在"马"背上，扮作骑手。给某"骑手"一个球。随着"开始"的口令，持球的"骑手"将球传递给右（左）侧相邻的"骑手"，接到球的人迅速将球传递给下一个人。按此顺序依次传递一周后，"骑手"一方得1分。然后，双方进行交换，扮作"马"的一组改为"骑手"继续比赛。最后，计算两组的得分决出胜负。

【规则】

中途若没有接住球，"骑手"一方应下"马"，逃离圆圈。"马"方在"骑手"失落球后立即发出"停止！"的信号，并用球投击因信号而停止的队员。这时，"骑手"不得移动位置或弯曲身体躲球。若球击中，则"马"与"骑手"交换；若球没有击中"马"仍作为"马"，继续比赛。

各"骑手"之间的距离，以两臂侧平举的宽度为宜。熟练之后，扮"马"的队员也可在"骑手"传球时，以蹦跳、兜圈等方式加以干扰。

三队投球

【适用】

小学四年级

【方法】

与"复式投球"很相似。在地板上（或地上）画出长方形的比赛场，然后将其三等分，形成三个球场。使用的球，可以是小皮球，也可以是排球。将全体参加者分为三队，各队的主将用划拳的方式决出各队进入中央球场的顺序。决定后，某一队进入中央球场，其余两队分别进入两侧球场。比赛开始后，两侧的球队共同协力，向中央的球队投球。被球击中的队员，则退出球场。这样，一定时间后（2~3分钟），将中央球场剩余的队员人数记录下来，然后，第二、第三位的球队顺次进入中央球场，如上同样进行。三个球队都轮流进入中央球场，比赛完毕后，比较一下各队剩余者的数量，决出各队的胜负。

球场的大小，可根据参加者的人数、体力，适当进行调整。各队在交换场地时，动作要迅速。进行当中，参加者不可随便走出场外。

混合投球

【适用】

小学中年级

【方法】

先画一个直径为 10 米的圆圈。全体分成红白两组。红白两组人分别再分一半人站到圈里，一半人站到圈外。站到圈外的人以红白间色的顺序站好。

组织人在圈中央区上抛球，便告开始。得到球的人可以直接掷击圈内对方组的人，也可以把球传给圈内或圈外的同伙人，以便同伙掷击对方组的人。圈内被击中的人要到圈外去。

相反，如果圈外人击中了对方组的人，这个人就能进圈内。另外，球扔到圈外，只能由圈外人去捡。

最后，圈内人数多的组为胜，或把对方组人全部击中到圈外组为胜。

【规则】

1. 触击地面或其他人身体后，被击中则不算数。

2. 圈外人踩线击中对方，也不算数。

3. 双方一起抓到球时，要把球抛到两人中间，进行一次"争球"后，再进行。

4. 如果带球走步，就要把球让给圈外对方组的人。

5. 如果击中圈内的人而得到进圈机会，也可以把这个机会让给一开始就站在圈外的同伙人。

6. 不准用球去击对方的头部。

追赶传球

【适用】

小学高年级

【方法】

在运动场进行这种活动时，按照参加人数的多少，先画一个方形，分两队互相穿插着站在方形的周围。两队的队长站在方形的中央。

在教室进行时，两队则互相穿插贴墙站立。不许从书桌边缘到中间来。

把参加者分成两队，使两队的 1 号队员位置相对。各队出 1 名裁判，负责统计分数，监督犯规，同时担任拾球，把球传给队长。

看到"开始"的信号，队长把球传给本队的1号队员，1号再把球传给队长。接着，队长从1号的右侧开始按着顺序传球给本队队员。传球一周后，接着从1号队员的左侧开始重复刚才的做法。

决定优胜的条件是：第一，不犯规地使球传递一周；第二，追赶对方的球，超过对方的球。

【规则】

1. 一只脚踩进疆界线内，抛球或接球时，站在两旁的另一队队员可以拦截阻挡。所说的拦截是不碰对方的身体，只是打落球。

2. 接球时可以弯曲身体，也可以跳起，但不允许跨过疆界线。

3. 抛球或接球时，用一只手、两只手都可以。

4. 失落的球不一定非得先交给裁判，由裁判传给队长。

5. 队长传球3次失误时，必须和1号队员交换位置。1号传球3次失误时，要和2号队员交换。以此类推。

6. 传球每失误一次，对方得分。

以下情况属于犯规；

1. 向手中没有球的对方伸手进行拦截阻挡。

2. 碰到对方的衣服和身体。

3. 用两只手进攻。

4. 丢掉球。

5. 接球失误，球落在自己的后边。

6. 出现从1到4的情况，对方各得1分。出现第5种情况，对方得2分。

得分情况及如何决定胜负如下：

1. 超过对方球时得5分。

2. 球传递一周者得2分。

3. 由对方犯规得分如上。

4. 首先拿到10分的队为优胜。

简单篮球

【适用】

小学高年级

【方法】

参加者 10 人为一队分成若干队，比赛时每次由两队进行。场地可按正规比赛场地。篮板要用长方形的，大小也按正规篮板的基准。这是为了减少球跑到场地外。为了适应儿童的投掷能力，球篮离地的高度为 2.5 米就可以。

【规则】

两队的队长划拳，由胜者选择进攻方向，这个队出一人是在场地中央的圈内，朝着进攻方向站立，另一队也出一名队员和他面对面站在圈内。其他的人各自选择适当的位置分散在场地内。裁判为执行发球，站在圈内，在两人之间把球高高抛起，两人跳起用单手击球，互相向本队有利的方向打。然后和本队队员配合不让对方把球抢去。向预定方向的球篮投球。如果投中了，进一个球得 2 分。另一队抢到球，全队人配合好，把球投入对方的球篮。投中得 2 分。这样在规定的时间内，得分多的组为优胜。

【规则】

1. 当球出界时，由失误队的对方，把球从球出界点外侧投入场地内。

2. 当球投中后，由投中队的对方把球从底线投入场地内。

3. 带球跑，脚踢球，属于违例。双手运球，或单手连续两次运球都属于违例。出现违例时，对方的队员从横对着违例点的界外把球投入场地内。

违反下例规则时罚对方球：

1. 推、撞、拉、绊对方；动作粗暴。

2. 罚球由队员在罚球线后不受阻碍的情况下，投篮，投中得 1 分。

3. 比赛时间一场为 7～8 分钟为宜。以全场得分多者为胜。

4. 按照儿童的球技和身体发育的情况，适当地进行。

简单排球

【适用】

小学高年级

【方法】

设一长 15 米、宽 7.5 米的排球场地，正中挂一球网，把场地分为相等的两部分。球网高度，中间部位为 1.8 米。

以 15 人为一队成若干队，每两队进行比赛，各队面对球网摆好位置。先争场地或争发球权，由两队队长划拳而定。如果胜者先要场地，那么败者就先发球。

比赛开始，首先发球。发球时，可以用手打球。但初学者不用发球，允许开始时把球投过去。如果发球没过网，或者没落到对方的场地算失误。如果最初发球失败了，可以再发一次。第二次发球失误时，要把发球权让给对方。无论是发的球，还是其他什么球，如果落在本队的场内，对方就要得 1 分。所以必须把球打回对方场内。这不一定非要求一次就成功。初学者，在本队的场地上，连续接几次球都可以。只要把球打过网，打到对方场内就行。

本队队员碰过球后，球落在了本队场地的外界，或是没能打过网，或是球落在了对方场地的外界，出现这几种情况，对方要得 1 分。

最先获得了预定分数的队为优胜。

简单手球

【适用】

小学高年级

【方法】

参加者分成两队，两队队长站在两队中央划拳争夺发球权，比赛开始。双方共同为了不让对方抢去球，互相配合，向对方球门处传球，从对方球门外射门，如果对方的守门员没捉住球，球进了球门，就要得分。

【规则】

每得 1 分后，由双方队长划拳，争发球权。继续进行。球落到边线外时，要由对方在球落下的位置上，从线外把球传入场内。如果把球投到了端线外，投球者是守备侧的成员时，将由进攻侧从角落里把球投入场内。如果投球者是进攻侧的成员时，由守备侧的守门员自由地传球。不许守门员在球门线外活动。其他的人不许持球走或跑。

在规定时间内得分多的队为优胜。

另外，比赛场地的大小、规则等根据参加人的情况，可以适当地安排、制定。随着技巧的熟练，可逐渐使用手球规则。

简单足球

【适用】

小学高年级

【方法】

参加者分成两队，为了区别，其中一队戴帽子。由两队队长划拳争夺发球权或场地。然后各自站在自己的位置上，两队各选出一名守门员，站在球门前。

裁判员站在比赛场地中央吹哨。以哨声为信号，争得发球权的那一队发球，比赛开始。两队混在一起踢球、盘球、传球，向对方的球门处运球，找机会射门，射中时得 1 分。然后，裁判者再把球放到场地中央吹哨，这次由输球队发球，继续。

在规定时间内得分多的队为优胜。

【规则】

1. 除了守门员外，其余的人只许用脚踢球，不许用手接踢。

2. 当球出界时，把球投到界外的对方，站在球出界的位置上，双手持球高举过头顶投入场内。当球从球门线落到界外时，如果是防守侧失误，将由进攻侧的人，由落球点的就近处射门。如果是进攻侧的失误，由防守侧射门。

3. 球虽然通过了球门，但是如果超过了所规定的高度，为无效（一般树两面旗为球门）。旗的高度为守门人可以举起胳膊稍稍跳起进行防卫的程度为宜。

4. 出现犯规时，可在原地让对方随意踢球。

5. 人数较多时，可扩大球门，增加 2~3 人为守门员。

水上·冰雪类体育活动指南

在户外，水上、冰雪类体育活动似乎很难和游戏区分开，也许就是因为它有很大的乐趣在里面，让玩的人欲罢不能。本部分所选的活动需要特定场合——有水或冰雪，这些活动能够很好地锻炼身体的各个方面。

水中骑马战

【适用】

初中以上

【方法】

将在陆上进行的骑马战移在水中进行。在陆上玩时，彼此落马是危险的，最好要避免，但在水中就没那种顾虑，所以这项活动最好在半身左右深度的水中进行。

水中抢帽子

【适用】

小学高年级以上

【方法】

所有参加者分红白两队，在水中进行抢帽子。按照游泳能力逐渐在深水处进行。在不够一人深的地方进行时，最好是适当地利用筏子和踏脚板进行。

水上扔球和夺球

【适用】

初中以上

【方法】

边游泳边相互扔球，也可作为踩水练习。用于此项活动的球，最好是网球式的软球。因为这种球易漂浮于水面，白色容易看清。

水 球

【适用】

初中以上

【方法】

分为两队，相对排列在双方的决胜点（以船代替）的前方。以"开始!"为号令。双方队员在规定的游区内浮水运球，以投进对方决胜点的队为胜。决胜点之间的距离定为 20 米左右。决胜点的宽度为 4 米；游泳区的宽度定为 15 米。此外，还可以根据游泳者的体力和能力加以增减。运球时，同伙之间要密切配合，不许故意浸灌对方或做其他越轨行为。因为是相当激烈的运动，必须防止过度疲劳。水的深度尽可能在一人深左右进行为宜。

抢西瓜

【适用】

小学中年级以上

【方法】

分成红、白两队，面对面地相隔适当距离。两队中间飘浮一个西瓜（或水球），以"开始!"为号令，双方游向水球，以先夺到水球的队为优胜队。

对于游泳技能不熟练的人要在水的深度不超过人的胸部的地方进行。而对具有相当游泳能力的人，最好是使用踏脚板或以筏子作为各自的阵势进行游泳。作为阵势的筏子或踏脚板的距离远近，要根据游泳能力而定。

水中搬运

【适用】

小学六年级以上

【方法】

在距离陆地适当处放小船或木筏，搬运手待在船上。听到发令大家同时跳入水中，将陆地事先放好的东西搬运到小船或木筏上来。东西重可以潜水搬运，东西轻可用单手将其托在水面搬运。

水中捉迷藏

【适用】

小学三、四年级以上

【方法】

水中捉迷藏可用各种方式进行。低年级儿童进行这种活动时，水深齐腰高即可。一般进行时，以两手分开水追跑为宜。有时，差一步就要追上时，也可游几步。水深达到这种程度为好。如果能游几步，在水中可以游着去追赶对方。有时要站起来休息一下，这就要考虑适当的水深。游泳技术高超者可以用筏子等作为停歇处，在较深的水中进行。

另外，陆地上进行的各种捉迷藏，如能在水中进行，也不妨一试。

漂　浮

【适用】

小学低年级

【方法】

轻轻地沉入水中，倦屈身体双手抱膝，让身体自然浮出水面。然后，两臂向前双腿向后伸直，由另一个人托住腹部，就能够漂起来。

对还不会游泳的小学低年级参加者来说，能从漂浮中体会到乐趣，从而坚定学会游泳的信心。

狗 刨

【适用】

小学三、四年级

【方法】

开始时把脸埋在水中，左右脚交替打水，一是可以将身体浮出水面，二是可以帮助身体前进。这时左右手交替压水划行身体就能前进。这种方法叫狗刨。

这种活动没必要在深水区进行。为了安全，一定不能往深水区游。

赛浮力

【适用】

小学高年级男生

【方法】

在脚不着地的水中，两人一组，双方都把手搭在别人的头或肩上，相互拟把对方沉入水中。当然，被沉入水中的人为输。当同时沉人水中时，先松手人为输。如果一方先松手，另一方也要马上松手。

这种活动不仅可在两人间进行，还可以分组进行对抗赛或淘汰赛。

分组时，要戴帽子等来做记号。

值得注意的是，比赛前要把手指甲剪干净。

伏面比赛

【适用】

小学低年级

【方法】

两人手拉手，一齐将头浸入水中。比赛看谁潜在水中的时间长。也可以数人围成一个圆圈，随口令一起将头潜入水中，比谁憋气时间长。

活动时应注意：①水中不可睁眼；②不要用手擦脸上的水。

侧　泳

【适用】

小学高年级以上

【方法】

将身体伸直，以水为枕，侧伏在水面。水下的手沿前进方向靠近水面平伸，水上的另一只手伸直，靠在身体上，手掌夹在内胯处，仍旧伸直上身，将膝盖弯曲。缩回两手，将上方大腿移至腹侧，将下方的腿尽力劈开，伸向背侧。在此过程中，上方的手移至下方肩部和颈部之间，手掌朝下。伸向前方的水下另一只手，手心朝下，一边用力向下划水，一边将手移至耳下。接着叉开双脚，上方的脚心用力靠拢下方的脚背，使劲夹水，将两脚的拇指并拢。在此过程中，用上方的手掌向后边划水，然后收在胯下。下方的手掌朝下，贴进水面前伸。呼吸应同手、脚的动作协调起来。为防止两腿下沉，应在划动两脚时呼气后马上吸气。

在指导上应注意，参加者要在陆地或浅滩上事先充分练习手脚的动作，掌握基本要领。由于腿部动作不对，或力量不够；由于手臂在划水时，没有与身体保持平行，因此容易导致前进方向不固定，身体上下浮动，或身体伸不直等。

划　船

【适用】

小学高年级至青年男子

【方法】

6～8人组成一组，全体参加者分成数组，每组骑在一根木棒上，双手握住木棒。最后一人装成舵手，脸向前，其余人背朝前方。

听到开始的笛声后，由舵手掌舵，其他人直接向前"划"，绕过目标划向终点，按到达终点的先后顺序决定名次。由"舵手"喊号，各组按同一步伐前进速度最快。参加人数多时还可采用接力赛的方式进行。

滑 雪

【适用】

小学一、二年级

【方法】

用竹制滑雪板或短滑雪板在平地上及斜坡上滑雪玩。只看谁能任意滑到哪里的程度即可，使他们在进行中不抱有竞争的念头。

除雪车

【适用】

小学一年锻

【方法】

4～5 人为一组。排头者将两脚分开约 20 厘米，以小碎步快速向前行进。后面的同伴将两手分别搭在前面人的肩膀上，一齐小跑前进。跑的时候齐声喊"突、突、突……"仿佛除雪车正在除雪。

雪团掷远

【适用】

小学低年级以上

【方法】

参加者手持雪团，尽量向远投，或尽量向高投。向远处投掷时，可利用宽阔的河面；向高处投掷时，也可利用杉树等高大的树木，或利用倾斜度较大的山腰。

这种活动极其简便易行，若在郊游的途中进行，也会很有趣。

打雪仗

【适用】

小学二至四年级

【方法】

全体分为红、白两组，"开始！"的口令发出后，互相向对方投掷雪团。被雪团投中者失去参战资格，立即停止退出，站在事先规定的地方。这样，最先使对方全体成员先后失去参战资格的小组获胜。或在一定时间内，以雪团投中对方的人数多者为胜。

还可在两组间的某些地方，设置防守墙。失去参战资格者可被允许为同伴捏雪团。两组可各选出一名主将，因此，可规定最先将对方主将击中的组为胜。各位参加者也可各持一把竹错锄刀，用以抵挡飞来的雪团。

雪山战斗

【适用】

小学一年级以上

【方法】

儿童分为红、白两组，两组分别堆一座小雪山，并在山顶插上本组的队旗。"开始"的口令发出后，两组参加者同时一边用雪团投击对方，一边行进。在某处被雪团打中的儿童退出。最先使对方小组退出，并夺下对方旗帜的组获胜。

做活动时应注意，不要将雪团攥得过实。雪团打中对方头部和身体时，对方退出。但雪团打在脸上时，则例外。做这项活动，可由儿童自己当裁判。

绕山滑雪

【适用】

小学二、三年级以上

【方法】

全体参加者运用已经掌握的技术，绕山滑雪（可选择学校附近的山）。在指导方面，技术和体力的基准应按最差者的条件确定，选择以最差者的技术能在短时间内安全、轻松地滑完的路线编班并确定各自责任。事先确定途中的几处休息场所，制定出有充裕时间完成的行动计划。出发前，再检查一遍服装、夹钳等。滑降时，应在适当时间、适当地点使队伍停下，查点人员。若条件恶劣，应暂时停止比赛。应事先准备好如下物品：滑雪板、修理工具、救急修理品、急救药、石蜡、绳子、应急食物等。

军事类体育活动指南

军事类体育活动其实是在体育活动中加入军事游戏的思想，让同学们玩得更顺畅。这类游戏，有攻有守，也可以看做角色扮演类活动，富有极大的趣味性。

英雄的小骑兵

【适用】

小学低、中年级

【方法】

画一条起跑线，从线前5米处开始，每隔3米立一木柱，共立四行，每行立三个，在最后一个柱前方5米插一小旗。把参加者分成人数相等的四队，站在预备线上，每队第一人右手拿一短竿做战刀，左手持一长竿的一端，骑在胯下做马，如图所示。

发令后，各队第一人骑着竹马用跑马步向前跑，一边跑一边挥动"战刀"，曲线绕过木柱（或一边跑，一边用战刀把木柱砍倒），再向前跑，绕过小旗直接跑回来。先回起跑线又不犯规的得一分。每组依次按上述方法进行，以积分多的队为胜。

【规则】

1. 必须用跑马步跑，不能走，更不能抢跑。

2. 砍木柱时，必须把三个木柱全部砍倒，跑得快才得一分。

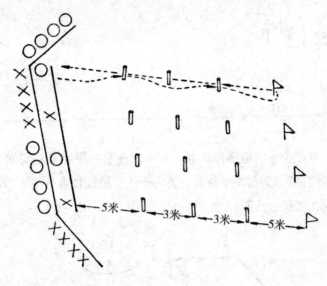

注意事项：

1. 为了增加活动的难度，提高参加者对活动的兴趣，前一种较熟练后可做后一种做法。后一种做法的名称可以叫"骑兵"或"骑兵战士"，绕过小旗往回跑时，依次将木柱扶起。

2. 开始练习时，可先带领参加者做跑马步的动作，然后再骑上竹马练习跑，最后进行比赛。

3. 参加者很喜欢做这个，尤其是男孩子，跑起来非常勇敢。发令官要特别注意交接竹马时的安全。用后一种方法做时，发令官可以启发参加者，像骑兵战士那样，勇敢地骑着竹马，砍倒敌人。

机智的小矿工

【适用】

小学低、中年级

【方法】

画四个直径 3 米的圆圈作矿井，每个圈前放一个小钻架（可用悬挂的竹圈或绳圈代替），架前 5 米处画一条安全线。把参加者分成人数相等的四个队，站成如图所示队形。

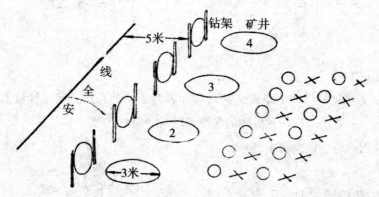

开始，发令官说："小矿工下井采煤吧！"这时各队按照要求进入自己的矿井。发令官突然发出"有情况，小矿工快由通风口钻出"，这时各队的"小矿工"就依次从本队前面的小钻架（钻架为通风口）钻出，跑过安全线，直至各队最后一人钻出跑过安全线，以完成快的队为胜。

为增加难度，可让各队首先钻出通风口的两个人面对面搭起手来做"地道"，其余的人必须通过"地道"再跑过安全线。

【规则】

1. 必须依次钻架。

2. 钻过架才能跑向安全线，否则无效。

攻守阵地

【适用】

小学中、高年级

【方法】

画一个直径1米的圆圈做阵地。把参加者分为攻守两队，守队人数为攻队的三分之一；攻队当中有一人做旗手，持一面小红旗藏在背后，其他队员也都将手放在背后与旗手一起分散在场上。

开始，攻队队员掩护旗手向前跑跳，去占领守队阵地。旗手在本队队员的掩护下，设法冲进阵地，冲进后将小红旗举起，高呼"冲啊!"则攻队胜。守队在"阵地"内外设法阻挡并追拍攻队队员和寻找旗手。攻队被拍到的人暂时退出。当攻队队员被拍出的人达一半时，或"旗手"被守队发现时，则攻队失败。可另选旗手或交换攻守重新开始。

还可以把参加者分成人数相等的攻守两队，设两个阵地，同时攻守以增加难度，也可让参加者采取单脚跳的动作追拍。

阵地

守队

攻队

【规则】

1. 守队追拍时不得用力推拉人。

2. 攻队人被拍到时要诚实、主动地退出。

3. 只有"旗手"占领阵地时才为攻队取胜。"旗手"可设法掩护旗帜，但不得藏在衣服内。中途不得更换旗手，否则为犯规。

救护战友

【适用】

小学中、高年级

【方法】

场地布置如下图所示。把参加者分成人数相等的 2~4 队，每队以 1/3 的人扮受伤的战友，在圆圈内站立（蹲着、坐下均可），其他人做救护员，两个人一组站在起跑线后。

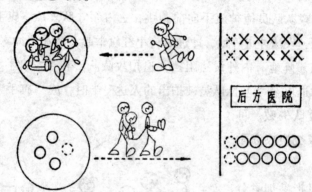

发令后，各队第一组救护员向圆圈快速跑去，把"伤员"抬到"后方医院"，轻轻放下，然后站在本队排尾。当抬"伤员"过了起跑线后，第二组即可向圆圈跑去，用同样方法救护，依次进行。以先救护完伤员的队为胜。

注：也可用背人或抱人的方法进行。

【规则】

1. 必须按照规定的方法搬运。

2. 中途可以休息，但不得拉着伤员跑。

守卫阵地

【适用】

小学中、高年级

【方法】

场地布置见下图，距端线 2 米处画一条平行线做"营房"。另一端线前 2 米处画一直径 3 米的圆圈做"岗楼"。选一守卫人背对"营房"站在"岗楼"内，其余参加者做侦察兵，分散站在场内（阵地）。

开始，守卫人不断转头向阵地巡视，分散在"阵地"上的"侦察兵"趁守卫人不注意时，迅速离开营房跑去占领"岗楼"（可以跑，也可走），如守卫人看见某"侦察兵"走动，侦察兵就要退回"营房"，重新开始"侦察"。如"侦察兵"占领了"岗楼"则为胜利。换守卫人，重新开始。

【规则】

1. 守卫人不能走出圈内，必须背对"营房"，不准转过身来，只能左右转动头。

2. 当守卫人回头发现某"侦察兵"未站成立定姿势，则"侦察兵"必须自动退回到"营房"重新开始。

追击战

【适用】

小学中、高年级，初中

【方法】

在场地上画两条攻击线，两条线间距为 2 米。在两条攻击线的正前方 10 ~ 30 米处，各画一条安全线。将参加的人（人数不限）分成人数相等的甲、乙两队，两队排成两列横队背靠背站在攻击线上。如听到"甲队——攻!"的口令，甲队队员立即转身追击乙队队员；乙队队员迅速向自己的安全线跑去，在奔跑途中如果甲队队员拍着乙队队员，即为胜利。反之，亦是同样。各队做若干次，哪个队追拍的人数多就为胜。

玩这个活动应注意，追击者不得先转身；追击对方时不得重打或用脚绊，被追击者如跑出规定的范围就算被拍着。

渡　河

【适用】

小学中、高年级，初中

【方法】

在场地上画两条相距 10 米的平行线作为河岸，把参加活动的 20 人分成甲、乙两队，各队再将人分成人数相等的两组。两队的两组隔岸相对地站着，每队准备三块像砖头大小的木块。裁判发出"渡河"的命令之后，每队第一组的第一个人将三块木块放在"河"中，两脚踩两块，另一块向前移动，一只脚踩上，后面空出一块用手再向前移，一直移过河去，将木块交给对岸本队的第二组第一个人，这个人同样移过河去，再交给第一组的第二个人。最后，哪队先完成渡河任务，哪队为优胜。

侦察兵

【适用】

小学中、高年级，初中

【方法】

参加者围成一个圆圈，人数不限，每个人之间相隔 50 厘米，双手背在身后，用一个乒乓球作为被侦察对象。有一个参加活动的人站在人圈的中间当"侦察兵"。开始后，乒乓球在围圈人背后的手中被传来传去，传球人也可不将球传给别人，只做一个传球的假动作，接球人没有接到球也要做个接球的动作，并且依次做下去，以迷惑侦察兵。侦察兵经观察，判定球在谁手以后，可指着喊："不许动。"如球在手应交出来，侦察兵就算完成任务，两人互换，拿球人当侦察兵，侦察兵喊三次侦察不到，即未完成任务，要表演一个节目。

注意，每侦察一次时间不能拖得太久，1分钟左右为好。

炸碉堡

【适用】

小学中、高年级，初中

【方法】

参加活动的人15~20个，围成圆圈，圆圈中间放一个凳子当"碉堡"，一人守住碉堡，圆圈上的人拿两个球当炸弹。开始时，四周人用球打碉堡，守碉堡的人千方百计阻挡球，不让打着碉堡。圆圈上的人可以互相传球，寻找战机，谁打中碉堡，谁就换进圈内当守卫者。

【规则】

1. 不准用球打守卫者；

2. 守卫者可以用身体的各部分阻挡球。

支援前线

【适用】

小学中、高年级，初中

【方法】

可以按班、排来分队，两队进行，也可以三四个队。开始后，每队派一名代表，到20米外的指挥员处去领取任务。指挥员说"单衣两件"，代表马上回队，把队里同志的两件单衣脱下，迅速交给指挥员。指挥员所要的东西，必须是各队都有的，如鞋、袜、帽、腰带、铜笔、水壶、挎包等等；可同时要几样东西。最后，一起归还各队，不出错又能迅速还给队员穿戴好的，为优胜队。

注意：做这个活动，必须紧张而又沉着，迅速而又细致。否则就会手忙脚乱，闹出笑话。

抢占 "山头"

【适用】

小学中、高年级，初中

【方法】

画一个正方形场地，4 个角各画一个圆圈。玩参加者 6 人，4 个圆圈里各站 1 人，场地中间站 1 人，另外 1 人当指挥员。指挥员发令 "开始" 时，四角圈内的人向邻近角跑去 "占领山头"，即 4 人互换，中间 1 人则乘机抢占任何一角，即 "山头"，总有 1 人未抢到 "山头" 的，则站场地中间，继续进行。

突入敌阵

【适用】

小学高年级以上

【方法】

参加参加者平均分成两组，每组各选出两名担任突入敌阵的任务，其他人则围成两个圆形队列，在圆中央插上小旗。两圆相隔若干距离，突击队员在两圆当中分别面向对方圆圈站立。

开始后，圆阵上的人一边唱歌一边转圈，组织者在适当时机突然发出 "停！" 的命令，听到命令后，参加者立即停止转圈，同时相互拉紧双手以防御对方突击队员的进攻。突击队员双手交叉在胸前，在对方圆阵外左右跑动、伺机突破防线、冲入圆内夺旗。先夺得旗的组获胜。

进攻与防守双方均不得用手。防守者相互拉紧双手，用腿或腰阻挡对方突入，进攻者则双手交叉在胸前、靠头和上半身的力量挤入敌阵。在突入对方圆阵后即可用手夺旗。

合围歼敌

【适用】

小学高年级男生

【方法】

参加参加者平均分成红、白两组，各组再分别以 5 人手拉手为一小组。开始后，各小组互相追赶对方小组并争取将对方小组包围在自己小组围成的圆阵中，被包围的小组必须停在原地不得跑动与反抗。一定时间后，比较红、白两组未被捉住的小组数，多者获胜。

破阵夺旗

【适用】

小学高年级男生

【方法】

在运动场以 30 米为间隔，分别画两个圆或长方形，作为两个阵地。阵地中央立一面红旗，另一阵地中央立一面白旗，分别作为红队阵地和白队阵地。全部队员平均分成红白两组，以戴帽子或袖标以示区别。各组进入自己阵地。听到口令后，各组以 3 人为一队，一队一队连续向对方阵地冲击。当突击者被一名防守者连续拍到三下，即作牺牲。一队全部牺牲，另一队再行冲击。当一方队员全部牺牲或一方队旗被对方突击队拔掉时，活动结束。

【规则】

1. 突击者离开本方阵地，必须立即冲击敌阵。

2. 以 3 人为一队，按顺序向对方冲击。

3. 防守者被一名突击者连续拍三下身体，即以"战死"论处。

4. 突击者被拍三下身体，亦作"战死"论。

5. 突击队员应相互配合，不能争功，光有拔旗者，没有掩护者。

6. 一旦突入敌阵，必须战斗到底。如离开敌阵，以开小差论处，失去本轮资格。

7. 战死者必须离开对方阵地。

8. 被对方歼灭或旗子被对方突击队员扳倒，为败。

拔　旗

【适用】

小学高年级

【方法】

将参加者分为三组。其中两组持用纸做的联队旗，分别为步兵联队、骑兵联队。没有旗的一组为炮兵联队，每 3 人或 4 人为一个班，排成一路纵队，后面的人手握前面的人的腰带。骑兵联队也可以搭成"战马"行进。三个联队分别在场的三个角待命。看到"开始"的信号，步兵与骑兵首先开战。双方互相抢夺对方的帽子，保护自己的帽子不被抢夺，并设法攻入"敌营"将敌人的队旗拔倒。被夺走帽子的士兵即为牺牲者。被拔倒队旗的组为失败。两组的队旗都应由旗手专门守护，并可以在场内各处移动。活动中士兵不能用手摸自己的帽子。炮兵在活动中不许松手，如果有人手被拉开，那么该班就告失败。炮兵不能抢夺其他联队士兵的帽子，而应尽力拔倒其他组的队旗。牺牲者和失败的组应退到场外。

争夺将军帽

【适用】

小学中年级以上

【方法】

参加者 2/3 为守方，其余 1/3 为攻方。把拔河用的绳子两端结起来作成一个绳圈，守方面朝外围在圈内，将绳圈拉至齐胸处，选出一人做将军，将军头戴帽子站在绳圈中央。攻方则部署在距此 20 米左右处。

开始后，攻方逼近守方绳圈，设法夺走守方将军的帽子，但不得跳或钻进绳圈。守方则全力把绳圈向外推，保护将军的帽子。如在攻守相持中，将军的帽子被攻方抢去，守方就告输，告一段落。继续进行，原来守方的半数与攻方交换攻守位置，规则同前。第三回合，则由已担任两次守方的部分作为攻方。

注意：将军在圈内可自由移动，但不得用手护住帽子。严禁粗暴行为。

倒　旗

【适用】

小学五年级以上男生

【方法】

把参加者分成两队。准备两根长 2 ~ 3 米的木棍，木棍顶端分别系上白色或红色的旗，将这两杆旗分别交给两个队。立旗的办法：在相隔适当距离的地方，分别挖一个 1 米深的坑，将旗插入，或者立在地面上，由 3 ~ 4 人扶着。各队人分别集中在自己队旗周围。每队的人分别分成进攻和防守二组。裁判员发令后，进攻组冲进对方阵地，攀上术棍，取下系在顶端的旗，或者把旗放倒。判定方法：先取下或放倒对方旗的队为优胜。

如果是以放倒对方旗为目标的话，还是把旗立在地面上好。

夺　帽

【适用】

小学四年级以上的男生

【方法】

将全体分为红、白两组。在场地两端画两个圆做各自的阵地，并各在阵地中间插一根竹竿，把自己组的帽子分别挂在上面，红组挂红帽，白组挂白帽。两组中1/4的人做攻击手，其他人做守卫兵。守卫兵只能守卫在自己的阵地内。开始后，两组的攻击手开始慢慢接近对方的阵地，乘对方的空隙，抢夺对方挂在竹竿上的帽子。守卫兵不能进入对方的圆内。攻击手或守卫兵拿到对方的帽子后就丧失战斗力退出比赛。这样最早夺完对方的帽子或夺取对方帽子多的组获胜。在为使对方不能夺走帽子而保护时，不能用手触摸帽子。

拍背比赛

【适用】

小学三年级

【方法】

全体人员分为红、白两组，面对面站在场地的两端，并在各组后面插上一面小旗。比赛开始，双方同时向对方靠拢，互拍背部。被拍中者，站到对方的小旗下。玩到一定时间，比较双方俘虏的人数，被俘人员多的组为负，全歼对方或俘虏多的组获胜。

夺阵地

【适用】

小学高年级

【方法】

全体分成两组，并戴上红、白标记。如果有一人双脚踏进对方的内圈（中心阵地）就算胜。

各组分别再分成红、蓝、白三色并事先要定好红追蓝、蓝追白、白追红的顺序。

听到"开始"的信号后，每组的人边躲避对方组追者的追捕，另一方面要想办法踏进对方组的中心阵地。每组都有两名警卫员分别在自己中心阵地外围守卫。所以，要避开他们的碰拍。任何颜色的人，只要被警卫所拍，就会失去继续参加的资格，要在指定位置坐下。

除警卫员外，其他人不许进自己的中心阵地。

攻　城

【适用】

小学中、高年级，初中

【方法】

在操场两侧分别画一个二重同心圆。圈的大小可根据参加人数的多少而定。例如：如果 30 人为一组的时候，内圈的直径大约为 5 米，外圈的直径为 10 米。内圈是城，内圈与外圈中间为护城河。并且在每个城的护城河外画一个大约 3 平方米大小的牢房。红、白两组都在自己的城内待命。

开战前，为决定或攻或守，每组各选出一名代表到两城之中间地争球。

一旦把球弄到手，就要迅速跑回自己的阵地。回阵地前，为使球不被对方夺去，要尽量避开对方追击。得球者一回到阵地，该组就可马上开始进攻。对方组要充分做好防卫准备。

进攻组要围绕对方组的护城河，相互传递着球，待机把球投进城内的地面上。如果球没有直接击中内圈，而是触过防守人员或其他物后击地，该球则无效。

另外，如果进攻组越过外圈踏入护城河内的话，就要被关进对方组的牢里。

防卫军可以在城内，河内自由行动。

进攻组的球直接击中城内地面，战斗就告一段落，进攻组得分。但击中前球被防守队拿到了，形势就会急转而下，防卫组变为进攻组，将逼进对方的城外。对方要马上回到自己城内进行守卫。撤退时，如果被进攻组的球打中，或触一下，就成为俘虏，也进对方组的牢里。这时，撤退组人不许夺进攻组的球。

守卫组可以组织几名敢死队，选择对方组传球机会夺回球。当然，被球击中或触碰，仍然要当俘虏。如果夺到球，就可以再次转为进攻组。

一局完了后，俘虏可以返回原组。下一局重新以裁判员抛球争球开始。

在一定时间内以得分多的组为胜。

四季军

【适用】

小学中年级

【方法】

把参加的人分成春、夏、秋、冬军四组，列队排成正方形。春军对秋军，夏军对冬军而立。在各组后面 10 米处画一道横线。裁判员站在四军中央，手持一个较大的木制骰子。在骰子的四面分别写上春、夏、秋、冬四个字，余下的两面空着。

待裁判员扔骰子后，同上面字一样的组要去捉其他三个组的人。但必须要在这些人还没有跑进自己组后面的横线前捉到。被捉到的人要站到界外。

第二回则由追赶组的第一人开始依次扔骰子。如果出现空白面，其他三组要去捉扔骰组的人。在这样反复进行的过程中，如果各组被捉的人都超过了 10 人，就在线外列成长队，绕外圈线唱一支歌。

捕虏比赛

【适用】

小学二年级以上

【方法】

将参加者分成两组，相距 20～30 米相对排成一列横队（相同号码者相对应）。各组前方 60 厘米处画一条线。开始后，白组排头者跑到红组排头者前，突然脚踏入红线，然后立即逃出红阵。红组排头者不管白组排头者是否踏入本方阵线，立即拼命追赶白组排头者，并设法摸到对方后背，如白组排头者在回到本方白线内之前被摸到，则成为俘虏，必须进到被指定的收容所中。红组排头者完成任务后，按白组排头者的同样要领将脚踏入对方白线内，以下依次重复进行，当全部结束后被捕人数少者取胜。两组间距离按参加者的体力也可适当增加或减少。开始时，脚必须踏入对方线内。追击时，如果到对方阵前速度不减漫，很容易被抓到变成俘虏。俘虏收容所应设在两阵线附近，俘虏可以被本方队员营救，但只有在脚踏入对方线内往圆跑时才可以营救。俘虏被营救后，在往回跑时被抓住后仍傲为俘虏重新进到"收容所"中。

红白相斗

【适用】

小学四年级至初中三年级

【方法】

全体参加者分成红、白两组，分别站在相距40米的红、白两阵内。首先一方主将跑进对方阵内，打一下对方队员的手，然后马上逃回本阵。被拍打手一方（白组）立即追逐对方主将，红组为保护主将而又追赶对方。白组想办法在未被对方抓到之前进入红组阵地。如果被对方摸到则当做俘虏进入收容所，互相手连手等待援救。

未被对方捉到之前而捉住对方主将，或者捉到对方6个人，或6个人进入对方阵地中者胜。进到对方阵地者在被对方追赶时也可再跑回本方阵地。每出现三次胜负之后交换一次场地，反复进行三次，然后用总成绩决定胜负。

抓俘虏

【适用】

小学三、四年级

【方法】

1. 间隔10米画上两条线，将参加者分成两组，各自相对在两条线后排成一列横队。听到开始的笛声后，双方队员各自从自己阵地出发，拼命捉拿住对方。被捉住者必须进入被指定好的"收容所"。先出阵者不能抓比自己后出阵者。在一定时间内被捉拿人数少者取胜。

2. 将参加者分成 A、B、C 三组，以适当大小的三角形顶点为圆心画一圆圈，各组进入圈内准备好。听到开始的笛声后，从圆中跑出的 A 组捕捉 B 组，B 组捕捉 C 组，C 组捕捉 A 组。被捉到者坐到"收容所"中。本活动又称"三国演义"。

反击挑衅者

【适用】

小学高年级，初中

【方法】

在全体 20～50 人中，选 3～5 人为反击者，其中一人为首，其余的为挑衅者。

备软棒 3～5 根，长约 70 厘米，用报纸缠绕竹鞭或柳条制成，使打人不痛。

广场的中央画一个直径 4 米的圆圈，用同圆心再画一个直径 7 米的圆。四面距圆心 10～25 米处各设安全门一个，可用石头或衣物放着为标记，四门宽度均为 1～1.5 米。反击者坐于小圈内靠近圈线，为首者站于圈中央，每人执棒一根。挑衅者全体分散站于大圈之内小圈之外。

发令后，挑衅者可随意用手去戏弄坐着的反击者，如用手去摸或拍他们的头、背等动作，作为挑衅的行为，而反击者也可用手轻予抗拒。为首者来往行走，并出其不意地大声发出"反击"令。挑衅者一听见，即回身向安全门逃避。全部反击者闻令即跃起执鞭追击。未逃入安全门被击着者为俘虏。记上名字，加入反击者队伍。重新发令后同样进行。至规定的时间或次数，或剩下一人未被击着时，告一段落。凡未被击着者为胜利者，受奖；凡被击着者，受罚。但经参加反击者后，能击着一人以上者免罚。

兵种准备竞赛

【适用】

小学高年级

【方法】

在准备好的小纸条上写上各兵种的名称（每队可用不同颜色的笔写）。如果每队26人，那么就分好兵种，每人拿一小纸条做标记。例如，每组26人：步兵6人，排成两列纵队；骑兵6个人，4人为马，1人为骑手（2人站在前，2人在后将手搭在前2人的肩上，然后骑手骑上去）；炮兵4人，1人在前托起1人的脚做炮头，另2人托起身体做炮身；工兵6人，成圆列前进；辎重兵3人，2人扛1人卫生兵2人，1人背另1人。准备完毕后。在每队前方100米处插一面旗。发令后，各兵种按规定跑向插旗处，然后全体整队，最快的组获胜。

球攻敌城

【适用】

小学六年级以上男生

【方法】

在场内立两根相距20余米的木棒，再以两木棒间的中心点为圆心，画半径为3米的圆。全体参加者分为两组，各组再次三等分。其中1/3的人组成防守班，2/3的人为进攻班。比赛由双方选出的中锋起跳开始。中锋发球，双方的进攻班激烈争夺。夺到球后，不可走动一步以上，应立即边与同伴传球，边靠近敌阵。进入半径为3米的圆内后，限制即解除，走、跑均可。将球投至敌方木棒处（即"敌城"）即得1分。若在比赛场内持球走动一步以上时，则由原地起，球归为对方，比赛重新开始。

做活动时，也可不分出防守班、进攻班。争球时，可将球击落，或用力削球，但不可从对方手中抢球。比赛3次，决出胜负。或根据一定时间内投中球的次数多少，决定胜负。比赛时，动作不可粗鲁。

骑马交战

【适用】

小学三年级以上的男生

【方法】

参加者分成红白两队，各队每 4 人为 1 小组，每组 1 人在前，两人在后，战斗开始时组成 1 匹战马，另外 1 人扮骑手，从诸"骑手"中选出一名队长，队长戴一顶帽子，其余的"骑手"胳膊上戴袖标，帽子和袖标的颜色要和本组的名称一致。每个"骑手"拿一个布袋，布袋内各装 5 个用泥土做的"子弹"。各组站到操场的一侧。

听到"开始"的号令，除队长的"马"之外，其余的"马"向敌人进发，靠近敌人后，各"骑手"向敌人发射子弹。被子弹打中的"骑手"丧失了战斗力，跳下"马"，"马"也解散。队员尽量站到队伍的后面子弹射不到的地方。子弹射完之后，去夺敌人"骑手"的袖标，被夺去袖标的"骑手"，就像被打中了一样，丧失了战斗力，从"马"上落下，"马"解散。当敌人兵力衰弱时，袭击敌人队长，夺下帽子。队长的帽子被夺去的组为战败者。

接力类体育活动指南

接力类体育活动是运动会上最抢眼的项目，它调动了场内外的气氛。而校外的接力类体育活动必然也有这样的效果，它能让参与的人乐在其中，并培养了团队合作精神。

迎面接力跑

【适用】

小学低年级

【方法】

画两条相距 20～25 米的平行线做起跑线。把参加者分成人数相等的两队，每队再分成甲乙两组，成纵队相对站立在两边的起跑线后，如下图所示。

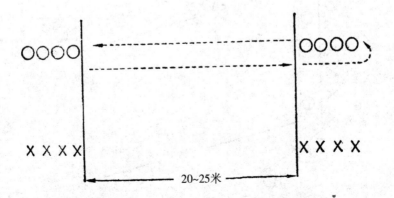

20~25米

发令后，各队甲组排头迅速向本队对面的小组跑去，拍对面小组排头的手，然后站在队尾。如此依次进行拍手接力赛跑。每人跑一次，以不犯规或犯规少又先跑完的队为胜。

【规则】

1. 必须在起跑线后起跑。
2. 击掌之后才允许越线跑出。

接力赛跑

【适用】

小学低年级

【方法】

画一条预备线和一条起跑线，在线前15～20米处插四面小旗，每面旗之间相距2～3米，把参加者分成人数相等的四队站在预备线后，各队排头拿一根接力棒站在起跑线后，对准前面的目标（小旗），如图所示。

发令后，各队排头向前跑，绕过本队前面的小旗跑回来将棒交给第二人（当排头跑出，第二人即可走到起跑线准备），自己站到排尾。依次进行，以先跑完的一队为胜。

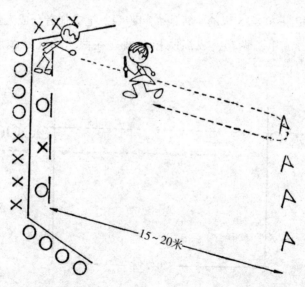

【规则】

1. 接棒时脚不允许过线。

2. 棒落地必须拾起来再跑。

3. 必须绕过目标再跑回来。

"跳马"接力

【适用】

小学中、高年级

【方法】

将参加者分成人数相等的几个队（各队距离 2 米），分别排成一列纵队，队员之间间隔两大步。除排尾外，所有队员体前屈，两手扶膝做成"跳马"。

裁判发令后，各队排尾向排头方向，用分腿腾越的方法依次跳过本队所有的"马"，并立刻击掌三声，然后自己做成"跳马"。最后的人听到掌声，立即开始跳，依次接力进行，以先跳完的队为胜。

【规则】

必须按规定的动作跳过每个"马"，不得从旁绕过。

"马儿"接力赛跑

【适用】

小学低、中年级

【方法】

把参加者分成人数相等的几个队，每队分甲、乙两组，成纵队面对面地站在间隔为 30 米的两条平行线后，每组三人为一个单元；一人做"马"，两人做驾驭者，做"马"的向前站着，两手往后，驾驭者分别握住"马"的一只手。

裁判发令后，每队甲组第一单元的"马儿"向对方奔跑，甩手拍乙组的第一单元的"马儿"，被拍者奔跑，再去拍甲组的"马儿"，依次进行。最后看哪一队的"马儿"先跑完为胜。

【规则】

1. 奔跑时，"马儿"与驾驭者始终为一体，不得松手。

2. 奔跑者一定要拍到对方，对方才可跑动。

接力跳绳

【适用】

小学低、中年级

【方法】

参加者分成人数相等的两个队，各排成一路纵队。在队前2米处划一条起跑线，距起跑线15～20米处插2张凳子，准备两根短绳。开始，各队排头参加者手拿绳站在起跑线上，裁判发令后，立即边跳边朝前跑去，绕过凳子往回跑到起跑线，把绳子递给第二名参加者，自己站到队尾。第二名参加者和下面的参加者以同样的方法进行接力，最后以先跑完的队为胜。

【规则】

1. 参加者必须每跑一步跳一下绳，也就是边跳边跑，不得连跑二步跳一次，否则重跑。

2. 参加者一定要绕过凳子再往回跑。

3. 交换绳子时可以稍微停顿。

跳绳接力抢球

【适用】

小学低、中年级

【方法】

场地上画一个直径为10～15米的圆，圆中心放一只篮球。用"十"字把圆平均分成四等分，"十"字越出圆圈的延长线就是各队的起跑线。四组人数相等的参加者站在起跑线上，裁判发令后，各组第一名持绳边跑边跳，跳完一周后交给第二人，依次进行，最后一位参加者跳回到本组起跑线，再迅速跳进圆圈内拿球，以先拿到球为胜。

【规则】

1. 不能在圆内跑跳。如超越前面参加者时，必须从外侧超越。

2. 跳绳失误应退后一步再跳。

3. 下面一个接力者必须在接到绳后方能跑跳。

4. 必须跑一步跳一次绳。

滚翻接力

【适用】

小学低、中年级

【方法】

画一条起跑线，在线前 7~8 米处，并排放四块垫子，垫子前面 8~10 米处，并排插四面小旗。把参加者分成人数相等的四队，各队排成一列横队站在起跑线后的"〔"线上，如图所示。

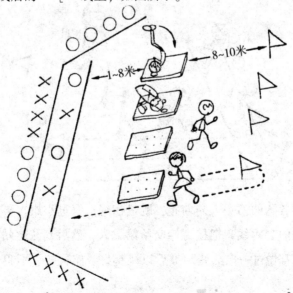

发令后，各队第一人跑到本队前方的垫子上做一个前滚翻动作，然后继续向前跑，绕过前面的小红旗跑回本队拍第二个人的手，自己站在队尾。第二人按同样方法做动作。如此依次进行，以先做完的队为胜。

【规则】

1. 听到信号后才能起跑。

2. 必须做一次前滚翻，否则算犯规。

注：必须在比较熟练地掌握了前滚翻动作之后进行，注意防止扭伤。

跳过横绳接力跑

【适用】

小学低、中年级

【方法】

画一条起跑线，在起跑线前 10～15 米的地方并排插两面小旗，两旗左右距离 8 米。在起跑线与小旗之间并排放两根高 20～30 厘米的横绳（或皮筋、竹竿）。把参加者分成人数相等的两队，站在起跑线后的预备线上。各队第一人拿一个接力棒站在起跑线后，如图所示。

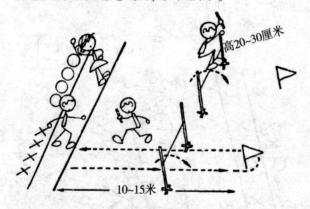

高20~30厘米

10~15米

发令后，各队的第一人向前跑，跳过横绳，绕过小旗，再从跳高架的一侧跑回本队的起跑线，把接力棒交给第二人，然后到队尾站好。依次进行，直到每人都做过一次为止。最后以跳得好、跑得快、不犯规和队伍整齐的队为胜。

【规则】

1. 应在起跑线后交接棒。

2. 跳越横绳时，如将绳碰落，必须放好重跳后再向前跑。

"8" 字接力跑

【适用】

小学中、高年级

【方法】

画一条起跑线，在线前 12 ~ 15 米处并排画两个直径 4 米的圆圈，相距 3 ~ 5 米。把参加者分成人数相等的两队，分别在线后站成一路纵队，排头持接力棒。

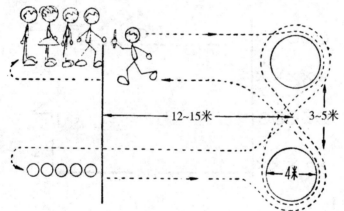

发令后，排头持棒按图中所示路线跑一个 "8" 字形，跑回本队后将棒交给第二人，自己站到队尾。其余人用同样方法做，最后以跑回起跑线快的队为胜。

【规则】

1. 接棒时不得过线。

2. 必须按指定的路线跑，不得跨进圆内或踩线。

3. 交接棒时，棒掉地上，由失手人拾起；持棒跑时失手落地，要拾起来再跑。

赶球接力

【适用】

小学中、高年级

【方法】

画一条起跑线，在线前 15 米处并排设四个标志，间隔 1 米。把参加者分成人数相等的四个队，分别站在起跑线后。

发令后，各队排头用体操棒拨动实心球向前滚动，绕过标志将棒和球交给第二个人。依次拨球向前奔跑。以先做完的队为胜。

可以让参加者拨球穿过小门（可用体操棒做门，门宽 1 米），增加难度。

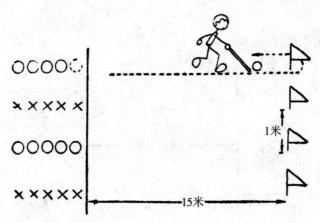

【规则】

1. 不许越线接棒和球，棒和球必须同时交给下一个队员。

2. 用脚踢球为犯规。

注：也可滚铁环代替拨动实心球。

十字接力赛

【适用】

小学中、高年级

【方法】

画直径 10～15 米的圆圈，通过圆心再画两条互相垂直的线组成一个"十"字，"十"字线延长到圈外 1 米，作为起跑线。参加者分成四队，在圆内成单行站在"十"字线上，各自面向圈外的起跑线。各队排头手持接力棒站在起跑线后。

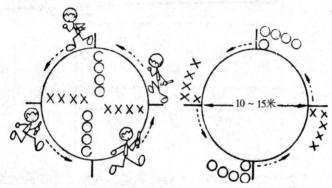

发令后，各队第一人沿圆圈按逆时针方向奔跑，各队的第二人在第一人将要跑完一圈回到起跑线时，即站到起跑线，后等待接棒。第一人将棒传交给第二人后，自己站在本队队尾。依次进行，以先跑完的队为胜。

【规则】

1. 跑时不得跨进圆圈或踏线。

2. 接力棒如掉在地上，必须拾起再跑。不许抛棒。

3. 超越别人时，必须从外侧（右边）绕过，不得推人撞人。

4. 完成递棒后，必须迅速离开跑道，不得妨碍别人。

跨过活动竿接力赛

【适用】

小学高年级、初中

【方法】

画两条 30 米长、1.5 米宽的跑道，间隔 2 米。在跑道的两端，各画一条线，两线平行。在跑道的相对外侧，等距离地各画 3 个直径 50 厘米的圆圈。准备 3 米长的竹竿 6 根，接力棒 2 个。把参加者分成人数相等的两队，每队分成甲乙两组，分别站在两线外。各队选出 3 人，站在圆圈内挥动竹竿。

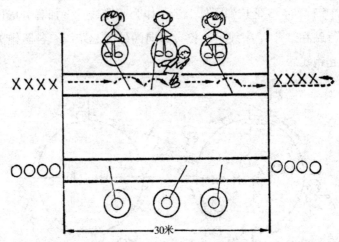

发令后，两队甲组第一人持接力棒顺跑道向前跑，途中跨过圆内挥竿人向左右挥动的竹竿，连续跨过三根，跑向乙组，将棒交给乙组第一人，自己站在乙组队尾。乙组第一人接到接力棒，向对面跑，同样跨过三根活动竿，交棒给甲组的第二人，自己站到甲组的队尾。依次进行。以先跑完并失误少的队为胜。

【规则】

1. 接力跑时不得越出跑道，不得绕过竹竿，否则算失败。

2. 挥竿人不得出圈，竹竿的一端必须在地上划动，不得抬起。

3. 碰到一次竿为失误一次，但可继续 。

跑垒接力

【适用】

小学高年级，初中

【方法】

画一个每边 15～20 米的正方形，在正方形的四角各画一个直径为 1.5 米的圆圈做"垒"。把参加者分成人数相等的四队，排成纵队站在场内，面向本垒。

开始，各队第一人站在本垒内，发令后，垒内人按同一方向快跑，依次通过各垒再回到本垒。最先回到本垒的得 4 分，其余依次得 3、2、1 分（同时到达的可并列记分）。第一人做完，第二人继续，直到全队跑完为止。最后以积分多的队为胜。

注：也可采用接力跑的方法进行。

【规则】

1. 必须依次通过各垒，漏踏垒时不记分。

2. 如采用接力跑的方法进行，超越前面的人时，要从右侧跑过去；不得妨碍他人。

立定跳远接力赛

【适用】

小学低、中年级

【方法】

画一条起跳线，把参加者分成人数相等的几路纵队，分别站在线后，发令后，各队排头站在起跳线后，按照立定跳远的方法和要求向前跳一次，在该处画上记号。第一人跳过后，第二人从第一人的落地点向前跳，跳过的队员站到本队排尾，依次进行。每跳一次，队伍跟随向前移动一次，最后以纪律好、跳得远的队为胜。

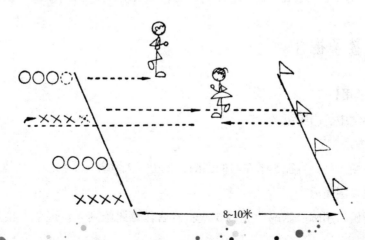

8~10米

【规则】

1. 不得踏起跳线,必须按照立定跳远方法和要求跳。

2. 后一人必须从前一人落地点起跳,不得超越。

负重跳绳接力赛

【适用】

小学中、高年级

【方法】

画一条起跑线,线前30米处并排4个直径2米的圆圈,圆内各放一条短绳,把参加者排成人数相等的4队,分别站成横队站在线外,排头抱一实心球。

发令后,各队第一人拖实心球迅速走到前边圆圈内,把球放在圈外,拿起短绳在圆内跳10次,然后把绳放好,抱起球再走回原位,把球交给第二人。第二人用同样方法进行。先走到终点的得一分,最后以得分多的队为胜。

【规则】

1. 只能快走不得跑步。

2. 跳绳时要连续跳10次,中途失误,要从头跳。

3. 短绳必须放在圆圈内,不得乱抛,如出线,要重新开始。

踢毽子接力

【适用】

小学中、高年级

【方法】

在场上画一直径5米左右的圆圈,先由一人拿着一个毽子,其他参加的人分散在圆圈内。

开始,用脚内侧踢法先踢5次,然后任意踢给别人,这个人接过毽子后，再踢 5 次又传给另外的人，这样依次每人踢 5 个后就传给其他人，直到其中一人踢毽失误为止。失误者可给大家表演一个小节目，然后由失误者重踢，继续进行。或分两队进行接力，看哪队接力的时间长为胜。

也可以让参加者用其他几种方法踢毽子。

【规则】

1. 将毽子踢给别人时，必须呼唤接毽子人的姓名，传错了人为失误。

2. 接毽子时落地算失误。

3. 接毽子的方法，可规定用手接再踢，也可规定直接用脚踢。

拍球赛跑接力

【适用】

小学三、四年级以上

【方法】

1. 参加者等分成数组，准备好与参加组数相同的皮球和小旗。各组的参加者站在起点后。远处数米处立一小旗，各组排头手持一橡皮球准备好。听到开始的笛声后，排头一边拍球一边出发，绕过小旗后返回起点，然后将球传给第二人，以下者按同要领依次进行，按到达的先后顺序决定胜负。比赛时参加者不许用手持球。

2. 全部参加者分成红、白两组，各组排成一列横队。报数后，奇数者向前跨 5~6 步，然后转身与偶数者相对站好。听到开始的笛声后，各组排头者拍球斜向传给第二人，第二人再传给奇数第三人，以下依次拍、传，最先结束者取胜。

3. 参加者分成红、白两组，两组相对排成一列横队。两组中间立一小旗，各组排头手持一球准备好。听到开始的笛声后，各组排头者抬球绕过小旗后返回，然后将球交给第二人，最先全部结束者胜。

4. 参加者分成红、白两组，面向内侧围成一圆圈。排头者各自手持一球准备好。开始后，持球者拍球绕圈外侧转一周，然后将球传给第二人，以下依次连续进行，最后按结束的先后顺序决定胜负。

5. 参加者排出一列横队，前方数十米处立一小旗，各参加者手持一球。听到开始的笛声后，一齐拍球出发，最先绕过小旗并返回原来位置上者胜。

6. 参加者向内围成一圆圈，各人手持一球。开始后一齐拍球，过一段时间后突然停止，按拍球次数多少决定名次。

钻棒接力

【适用】

小学低年级男生

【方法】

沿起跑线两组相隔 3 米站成一列纵队，排头两人戴上用厚纸做的带有皮筋的尖帽子。各组前方 10 米处横着放一根高 40 厘米左右的竹竿，再隔 10 米插上一面小旗。开始后，各组排头者起跑，钻过竹竿，绕过小旗，再钻过竹竿，返回起点。第二人接过帽子按同样方式出发。以下人依次进行，以按顺序先做完的组决定胜负。注意帽过重易脱落，故纸不宜太厚。

放射圆接力

【适用】

小学三、四年级

【方法】

人数相同的各组呈放射形背向中心排成一列纵队。各排头者手持接力棒站好。各组排尾后放置一椅子。开始看，排头者从队伍外侧绕放射圆一周，然后将接力棒传给第二人。排头者递完棒后跑到排尾椅子后。第二人绕一周后再将接力棒传给第三人，以下依次传递，按排尾者跑完坐到椅子上的先后顺序决定顺序。

弹球接力

【适用】

小学六年级以上

【方法】

前方相隔一定距离设两道高 1.5 米的拉绳。拉绳前方再立两杆旗。将参加者分成两组，各组在出发线后排成一列纵队。各组排头者手持羽毛球和球拍准备好。听到开始的笛声后，各组排头者开始一边向上弹球一边向前出发，途中将球两次从绳子上弹过，然后绕过小旗向回跑到起点，紧接着第二人接过球和球拍后按相同要领绕过小旗回到出发线处。以下依次重复进行，首先结束者取胜。

如果越过绳子后球没有接住，必须重新弹球，直至成功为止。如果球掉落时，须在原地将球拾起接着进行。两组间距离和各线间距离应按具体条件合理选择。

传球接力

【适用】

小学高年级

【方法】

各组相隔 3 米平行排成一列横队。各组参加者之间距离为 2 米。各组排头者手持一球（足、排球皆可）准备好。

听到开始的笛声后，排球者将球传递给第二个人，依次传下去，传到最后，然后再传回排头者。按先后到达的顺序决定名次。

复式接力

【适用】

小学低年级

【方法】

在适当的位置上画两条横线，将参加者分成若干组，在平行线后相隔数米排成一列纵队。再将各组的一半参加者在平行线前相对排成一列纵队。听到开始的笛声后，各组的第一人跑向对面，将接力棒递给本方队员，接棒者返回出发点，这样依次反复，快者为胜。

平衡木接力赛

【适用】

小学高年级

【方法】

将参加者分成两组，两组再分成 A、B 班。A、B 班在平衡木的两端排成一列纵队。A 班排头者站在平衡木一端，从平衡木上跑过且不掉落，从另一端下去。到达 B 班后，B 班排头按同样方法跑过平衡木，依次反复。比赛时若从平衡木上掉下，必须返回原处重新进行。按全部跑完的先后顺序决定名次。

双人跳绳

【适用】

小学五、六年级以上

【方法】

将全体参加者分成数组，每组数对，各组站成一列纵队。准备与组数相同的约 3 米长的跳绳。两人并排站立，各自内侧的手臂互相交叉，外侧的手拉住绳子两端。听到开始的哨声后，两人同时起跳，越过起跑线，绕过20 米处的回返标志（小旗或椅子），跑回返点并将绳子传给后两人。人如前进时跳绳缠住脚，应暂停一下后重新起跳。最后按全部结束的先后顺序决定胜负。

三人持绳接力

【适用】

小学中年级以上

【方法】

将全部参加者平均分成两组，每组又排成人数相等的三列纵队。两组排头的三名同学，手持一根绳子。口令发出，双方排头立即向前跑去，两侧的两人持绳子的两端，中央一人持绳子中央。由于跑在中间的同学最费力气，所以两端同学宜拉着绳子往前跑。在前方的旗子处绕一圈跑回来后，再将绳子交给后面三位同学。以下重复进行，以全部人员最早完成组为优胜组。

跑动传球接力

【适用】

小学低年级

【方法】

将全部参加者平均分成两组，分别排成一列横队，相向而立。在排头及排尾各立一面旗子。全部人员都分开双脚站立。排头队员手持一只足球。口令发出，排头将球迅速传给第二位同学。接球队员双手接球后紧接着将球传给第三位同学，顺次将球传至排尾。排尾队员接球后，持球在自己附近的旗子绕一圈后，再跑到排头，绕过红旗，站在排头位置，将球向后传递。每当最后一位队员持球离开队伍完成动作时，其余人依次向后移动一个人的位置。这样，全部人员都有一次持球跑步的机会，待队伍恢复最初的顺序时，最初的排头将球送至裁判手中。以先将球送至裁判处组为胜组。排尾同学应戴上红或白的袖标，以作裁判辨别之用。为了不使队伍发生混乱，两边旗子可立得稍远些。

赶球障碍接力

【适用】

小学高年级以上

【方法】

将全部参加者平均分成两组，各组面对起跑线，排成相互平行的一列纵队，相隔适当距离。各组跑道前按纵向设若干面旗子。各组排头分别持一只足球。口令发出，各排头立即持球起跑，一直跑到最前面的那面旗子时，绕过旗子并将球放在地上，然后一只手赶球，一边成"S"形在每面旗子的间距中通过，并一直回到起跑线，将球交给第二位同学，自己排到排尾。以下重复进行，以最后一名同学回到起跑线的顺序决定先后名次。

头脚间传球接力

【适用】

小学四年级以上

【方法】

全体分成两个或若干个人数相等的组，平行排成一列纵队，各组的排头者拿着两个球，或其他可以传送的物品。

开始后，排头者先把一个球越过头顶，传给后边的人，然后数过 10 个数，再把另一个球从两腿之间传给后边的人。最后的参加者接到最先传来的球，当即放下，等第二个球传到后，拿着两个球跑到前方去。在这期间，全体组员逐个向后退，填补上最后参加者空出的位置，为后面上来的人腾出先头的位置。最后的参加者到队前之后，马上和前边第一个参加者一样先把一个球从头上往后传，再把另一个球从双腿之间往后传。以上同样动作反复进行，直到最初的排头者又回到原来的位置。最快的队为胜。

在中途未接着球时，本人要把球拾起来，从规定的位置往后传。

跑石阶接力

【适用】

小学高年级

【方法】

面对起跑线，各队互相间隔 3 米，排成平行一列纵队，在各队的前方适当的距离放一个绕行目标。让各队的排头者各拿两张边长为 30 厘米左右的正方形厚纸。以"出发！"为号令，各队排头者将厚纸扔到起跑线的前方踩上一只脚，然后把另一张纸放在前方，再踩上另一只脚。按这种方式，将厚纸一张一张地往前方放，踩着厚纸往前走。就这样，绕过绕行目标，在返回的路上，拿起来两张厚纸快跑。然后，在起跑线上把两张厚纸交给下一个人，进行交接。如此一个一个地接着做，以全部迅速结束的队为胜。

顶板接力

【适用】

小学低年级

【方法】

将参加者分为 10 人一组，站成一列纵队于起点处。再在起点前十几米处插一面旗。比赛开始后，每组排头顶一木板或书，跑向插旗处，绕过旗跑回起点，将木板或书变给本组第二人，以下依次做下去，途中如果木板或书落地，或用手扶一下就减 1 分，最后以得分多的组获胜。

往返运球

【适用】

小学四年级至初高中

179

【方法】

将参加者分成数组，各组在出发线后相隔 3 米平行排成数列纵队。各组在出发线前方画一圆圈，10 米处再画一圆圈。出发线处圈内放置 3 个小球。听到开始的哨声后，各组排头者首先跑到第一个圆圈旁，将小球分 3 次运到 10 米外圆圈内，然后跑回出发线。第二个人紧接着跑到远处圆圈旁，将小球分 3 次再运回第一个圆圈内，将接力棒再传给第三人，以下按相同要领往返运球，这样按最后一人回到出发线的先后顺序决定胜负。

在此基础上还可以稍加改动，如：

在适当的位置上画一出发线，各组相隔 3 米排成一个纵队。沿出发线，各组各画一直径 30 厘米的圆圈，各自放入 3 个小球。各圆圈前方 5 米处各依次画 3 个圆圈。各组排头站在出发圆圈左侧，手持球准备好。听到开始的笛声后，排头者立即出发，跑到 5 米处第一圆圈处，将球放进去，然后再跑回出发圆，再取出一球放到第二圆中，再跑回出发圆取球放到第三个圆圈内，然后跑回出发线。第二个人跑出，依次将 3 个圆圈中的小球取回出发圆内。第三人按照排头者的同样要领再将球运出去，以下依次连续进行。全部结束时，按照回到出发线的先后顺序决定名次。

如果球滚到圆圈外时，应重新摆好。必须将球放入而不是投进圆圈内。

╲ 叉 腿 接 力

【适用】

小学三、四年级以上

【方法】

把参加者分成若干组，各组排成一列纵队，几个组平行排列。全体叉开腿站好。各组最前面的组员听到"开始"的口令，拿球向前跑，绕过前方树着旗的目标返回，站到本组队尾，把球从组员的腿中间传到前面，第二名组员接到球做同前者相同的动作，以下相同。当队尾的组员又一次回到队尾，把球传给第一名组员时，第一名组员要把球高高举过头顶，以示接力进行完毕。根据先后顺序决出优胜者。

为了防止比赛中途各组缩短队列距离，可在组员之间画线固定位置。

单腿 S 形赛跑接力

【适用】

小学高年级

【方法】

各组在起跑线上间隔 3 米排成一列纵队，在各队前方 12 米处设一返回点，在起点和返回点之间，以 1.5 米的间隔摆上 7 个木棍，或者别的东西。各组选出一人站在返回点。

听到"开始"的号令，各组的 1 号组员单腿跳跃出发，绕过木棍，到达返回点。然后放下抬着的腿，和站在这里的组员挽起胳膊旋转两周，松开胳膊。1 号留在返回点，原来的那个组员则单腿跳跃绕过木棍回到起跑线，和 2 号接头。2 号单腿跳跃来到返回点和 1 号挽臂旋转两周后，2 号留下。1 号单腿跳跃返回起跑线和 3 号接头。以下同。如果在途中碰倒了木棍，必须重新把木棍立起来，立木棍时不许双脚着地。以最后一名组员到达起跑线，全组成原来队形的快慢决定胜负。

跳绳接力赛

【适用】

小学中、高年级

【方法】

在场上画若干条起跑线，在起跑线前 20 ~ 25 米远的地方并排放若干个标志（旗杆、实心球、木柱等），各标志物间隔 3 米。把参加者分成若干队。

发令后，各队第一人跳着绳向前跑，绕过标志或绕圆圈一周跳绳跑回来，将绳交给第二人，自己站在队尾。其余的人用同样的方法进行。以完成得快的队为胜。

【规则】

1. 中途跳坏，要从跳坏的地方接着跳，不得拿着绳以跑代替跳绳跑。

2. 接绳时，不得超越起跑线。沿圆圈跑时不得踩线。

跳格接力

【适用】

小学四年级

【方法】

将全部人员分成人数相等的若干组，面对起跑线各自排成一列纵队。在跑道上每隔适当距离画一个直径为 30 厘米的小圆，可画 5～10 个。口令响后，排头立即起跑，并利用跨步跳跃，踏在圆上跳跃前进。绕过前方旗子后按同样要求回到起跑线，将接力棒传到第二位队员。以最后一名队员回到起点的先后顺序排列名次。跳跃时，可酌情规定用跨步跳或单脚连跳。

其他类体育活动指南

本部分介绍的体育活动是一些不太好归类，但又在平时的校外活动中被大家采用的机率比较高的活动，还包括一部分牌类脑力体育运动。

钻障碍物

【适用】

小学低、中年级

【方法】

两人一组，一人跪在地面上两手着地，另一人从他的腹下钻过去。接着双方交替做，可分成几个组同时比赛，看谁钻得最快。

【规则】

钻过去时，不可碰撞蹲跪者的身体。否则重做。

看谁钻得快、套得好

【适用】

小学低、中年级

【方法】

画一条起跑线，在线前 5 米处，并排放四个竖立的直径 80 厘米的环圈（也可以用拿着的藤圈或竹圈代替）。环圈之间相距 2~3 米。在环圈前 5 米

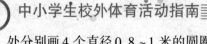

处分别画 4 个直径 0.8~1 米的圆圈, 各圈内放一个直径 60~80 厘米的藤圈或竹圈。再在前面 5 米的地方, 分别插一小旗, 每个环圈都分别与小旗对齐。把参加者分成人数相等的四队, 分别排成一路纵队站在起跑线后, 并对正前面的环圈, 如图。

发令后, 各队第一人向前跑, 钻过竖立的环圈, 继续向前跑, 在圆圈内做从下向上套圈的动作, 再向前跑, 绕过小旗跑回起跑线。第一个跑回起跑线的人得 4 分, 第二个人得 3 分, 第三个人得 2 分, 第四个人得 1 分。最后以积分多的队为胜。

【规则】

1. 发令后才能跑出。

2. 套圈时, 必须自下而上地套过身体; 放圈时不得压线或出线。

注意事项:

1. 开始练习时, 可先练习钻圈的动作, 然后再比赛。

2. 钻圈时臀部不要过高, 要注意不得把圈踢倒; 套圈时, 要爱护竹圈, 不要拉、折断。

叫号换位

【适用】

小学低年级

【方法】

把参加者分成人数相等的两个队，各队依次报数，分别站成两个半圆形队，面向圆心站好，选一名引导人站在圆心处，如图所示。

开始，引导人任意呼一个号数，被呼到的两人（同号）就互换位置，引导人趁两队队员换位之机去占领空位，失去位置的人就到圆心上做引导人，继续进行。

【规则】

1. 各队队员要记住自己的号数，忘记号数或未及时换位为失败。

2. 引导人占空位时，不得推、拉人。

3. 呼号时引导人必须站在圆心。

吹鸡毛比赛

【适用】

小学低、高年级

【方法】

在室内无风的情况下，拉一条高 2 米、长 2 米的绳作网，把两头固定好。找一片鸡或鸭的绒毛，在绳的两边各站一人或两人，如网球、乒乓球双打的阵式。比赛开始时由一方先"发球"（用嘴吹毛），使绒毛从绳（网）上吹过去（吹几口不限），对方再吹过来，双方反复争夺。

【规则】

1. 绒毛落地或从绳下吹过为失分。

2. 每次比赛以先吹过七次者为胜。

手指顶木棒

【适用】

小学低、高年级

【方法】

参加比赛的人排成一个横队，站在起跑线上，每人把一根木棒竖立在自己的手指上，力取平衡，不让木棒跌倒。听到裁判口令，快速前进，看谁路跑得又稳又远。

【规则】

1. 不能用手指夹住木棒。

2. 不能超过起跑线。

倒跑比赛

【适用】

小学中高年级以上

【方法】

把参加者分成人数相等的若干队，每队两人一组，第一组的人面对面手拉手站在起跑线上。听到裁判发令后，每组一人倒着跑，另一人手拉手地一起向前，绕红旗一周后，返回原地拍第二组人的手，依次进行，看哪个队先跑完为胜。

踢毽子比快

【适用】

小学高年级

【方法】

画一条起点线，线前每隔 3 米画一直径 1 米的三个小圆圈，圈前 5 米处并排插四面小旗。把参加者分成人数相等的四队，每队第一人手持毽子站在起点线外。

发令后，各队第一人迅速前跑到第一圆内，单脚内侧踢毽子三次，接着跑进第二圆内单脚内外侧踢三次，最后到第三圆内，单脚内侧踢一次，外侧踢一次，跳起踢一次，然后绕过小旗跑回本队，把毽子交给第二人，自己站在排尾。依次进行，最后以完成得快的队为胜。

【规则】

1. 必须按规定动作完成，踢毽子出圈为失败，可重做。

2. 必须连续踢三次才能向前跑。

双人靠背下蹲起立运动

【适用】

小学中、高年级

【方法】

两人为一组，分几组进行比赛。比赛时，两人背靠背站立，并互相挽臂，然后两人同时下蹲，再同时起立，在规定的时间里，看哪个小组蹲的次数最多，多的组为胜。

【规则】

两人的背部始终不可离开，必须紧紧地贴住。只可两脚向前移动或向后移动。如果两人坐地，不算一次，需重做。

猜拳跑跳

【适用】

小学低、中年级

【方法】

画一条起跑线，线前 8～10 米处画一条终点线。把参加者分成人数相等的两队，每队选出一人猜拳，其他人站在起跑线后，如图所示。

两个猜拳人同时喊出"石头"、"剪刀"或"布"，喊的同时，各自用一只手做出相应的动作：握拳表示石头，伸出食指和中指表示剪刀，伸出手掌表示布；剪刀可以剪布，布可以包石头，石头可以砸剪刀。如甲出石头，乙出剪子，则甲为胜者，胜者所在的队就向前跑或

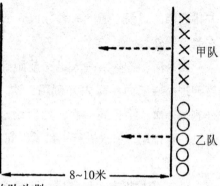

跳三步，最后全体先跑（跳）过终点的队为胜。

【规则】

1. 向前跑或跳时，必须按要求进行，不得超越步数，否则为犯规。

2. 两个猜拳人必须同时做出动作。

注：也可用脚的动作表示"石头"、"剪刀"、"布"，如立正表示石头，两脚前后开立表示剪刀，两脚左右开立表示布。

突 围

【适用】

小学中、高年级

【方法】

根据人数多少，把参加者分成偶数队。其中单数队先手拉手围成圆圈作为守队，双数队分散在圈内作为攻队。

发令后，攻队设法从守队拉起的手下钻出圆圈；守队尽力阻挡，不让攻队队员突围。在规定的时间内，计算突围出去的人数，然后交换攻守，继续进行。两队各作一次攻、守之后，以突围出去人数多的队为胜。

【规则】

1. 攻队只能从守队的臂下突围钻出，不得用力冲撞。

2. 守队只能左右移动用身体堵截或两人密集方法阻挡攻队队员钻出，

不准推、拉。

3. 守队队员不得松手，如松手，攻队队员可以从缺口处突围。

搬运追拍

【适用】

小学高年级，初中

【方法】

在场上画一直径 8～10 米的圆圈，在圆上等距离画四个直径为 50 厘米的小圆，圆内各放一个实心球。把参加者分成人数相等的四个队，分别站在小圆外。

开始，每队第一人走进小圆内，双手抱起实心球。发令后，四个队员顺时针方向迅速快跑，绕大圆跑一周后，争取把球放进原圆的前一个小圆内，然后继续前跑去追拍前一个队员。如前一人已经把球放进原圆内，就必须将自己的球放到更前面的一个小圆内，再去追拍。如此进行，直至有一人被追拍着为止。拍者得二分，被拍者零分，其他二人各得一分。

【规则】

1. 球必须放在小圆内，压线或出线均为失败。

2. 前面人已经将球放入小圆内时，拍及无效。

3. 如二人同时追拍着一个人，拍者都得二分。

钻山洞

【适用】

小学高年级，初中

【方法】

在场上画一条起跑线，线前 5 米处，再画两条平行线为河沟。"河沟"前并排放四块体操垫子，垫子前 10 米处并排插四面小旗。把参加者分成人数相等的四个队，分别在起跑线后对准垫子站成纵队。各队先选出两名身体强壮者，在垫子前横跨站立，两手一上一下做成"山洞"，"洞口"对准本队排头。

发令后，各队排头迅速跑到"河边"，跳过"河沟"，钻进"山洞"，爬过以后落在垫子上，再向前跑，绕过小旗，回来时再跳越"河沟"，拍第二人手掌，自己站到排尾。第二人用同样方法过"河"钻"洞"，依次进行。先完成的队胜。

【规则】

1. 按规定方法过"河"、钻"洞"、绕旗，不得违例。

2. 组成"山洞"的人不得松手，不得降低高度。

3. 不得越线拍掌。

注意事项：

1. 男、女生各分两队，分别比赛。

2. 注意安全。

3. 当参加者钻"洞"的技术熟练以后，不要垫子也可以。

真真假假

【适用】

初中以上

【方法】

以全副扑克为牌具，参加人数不限。这个活动是用出牌、报牌的真真假假来迷惑他人，达到第一个把手中牌出完的目的。

譬如有甲、乙、丙、丁四人参加，每人发得13张牌，经过各人整理牌后，就可以打牌了。出牌范围是1张、2张、3张、4张，而且必须是同一牌点的。甲首先出牌，他先出了两张暗牌（即牌面向下，合在桌上），嘴里报出这两张牌的点数："2张K。"这时，乙如果怀疑两张牌是假的。翻出来的结果是"2张K"，那么乙就"吃进"这"2张K"，由甲继续出牌；如果翻出来的不是"2张K"，那么甲"吃进"这两张"假"牌，出牌权由乙获得。第二种情况是乙感到不必要去翻甲的牌，那么可以说"加 1 张 K"，并打出一张牌。至于乙说的是真假，那要由丙来考虑。丙只能翻乙的牌，而不能翻甲的牌，但如果乙、丙两家中有一家要"吃进"牌时，必须把桌上的暗牌全部带进。以后再考虑丙的牌，甲来考虑丁的牌，周而复始。如果丙对乙的牌，既不愿翻，又无牌可加（估计到下家可能要翻自己的假牌），也可以弃权，让丁来考虑乙出牌的真假。如果在其他三家都弃权的情况下，这堆暗牌即放置一边了，由最后打牌的一家重新开始出牌叫牌，前面的那堆暗牌就不再"吃进"了。

最后一个手中有剩牌的人为失败者。

报 数 取 牌

【适用】

小学高年级，初中

【方法】

每次 6 ~ 12 人。如人数在 7 人以上，可以两副扑克放在一起玩。

扑克牌经过洗牌、切牌后，向左轮流发牌，每人一次一张，直至全部发完为止。

分牌后，各人将归自己的牌叠齐，牌面向下，不准看牌，放在桌边。以报数方式进行的，但只报"1"~"13"，"13"以后又从"1"报起，依此循环。

发牌人首先报"1"，同时把自己牌叠上第一张牌翻到桌面中去。第二家就报"2"，也把自己牌叠的第一张牌翻到桌面中，置于上家打出牌的上面。第三家报"3"，第四家报"4"……在报数的同时都有一张牌翻到桌面上来。如果有人在报出的数字和打出的牌点正好相同时，那么要将桌中央众人打出的牌全部收进。譬如：甲报"1"，乙报"2"，丙报"3"，丁报"4"，戊报"5"，此时戊打出的牌正好是方块 5，那么戊就把前面四张牌连同方块 5 一起收进，牌面向下叠在自己牌叠的最后。戊再开始报"1"，同时打出一张牌……如果在报数过程中，有人报错了数或到了"13"忘记回到"1"，那么这人手中的牌全部放在桌中去，并退出。以后由他的下家再从"1"报起。进行一会儿后，必须有人把手中的牌出完，这些人也将退出。最后哪一个人获得了所有的牌，就成了胜利者。

关牌计分

【适用】

初中

【方法】

【规则】

供2～4人玩。2人时，去掉扑克中一张黑桃2，剩下的牌分成三堆，每人一堆17张牌。4人时，用全副扑克，每人13张牌。

关牌是一种出牌比大小的，而且是在同类牌型中比较的。牌的大小是以"2"为最大，称为"王"。以下是AKQ……3。

①单张。

②对子（AA、8 8、2 2……）。

③二连对（二个对子接连在一起的，如9 9 8 8、KKQQ等）。

④三连对（三个对子接连在一起的，如7 7 6 6 5 5、AAKKQQ等）。

⑤四连对、五连对……直至任何多的连对。

⑥三同（如JJJ、6 6 6……）。

⑦二三同（如10 10 10 9 9 9、4 4 4 3 3 3……）。

⑧三三同、四三同……

⑨连张（5张以上牌可称连张，如五连张A、K、Q、J、10，六连张10、9、8、7、6、5，可以直至十三连张）。

⑩二三对（一个三同配以一对，如K K K 4 4、QQQ 7 7，以三同的大小来作比较）。

【规则】

1. 得到黑桃3者首先出牌。

2. 每一轮第一出牌者打出什么类型的牌，以下的也必须出相同类型的牌。而且要比前一家的牌大，否则只能弃权，让下一家续打。

3. 打牌时，一轮中可以反复循环，不以一圈为界限，直打到最后无人出牌为止。这最后一个出牌者又成为下一轮出牌权获得者，他可以考虑改出其他类型的牌。

4. 打连张时各家出牌连张数也应相同，如五连张对五连张、六连张对六连张，比较大小时应以连张中最大一张为准。

5. 有一家手中的牌全部打完，就停止了。这时可计算其他人手中的剩牌，有一张牌负 1 分，累计计算。如手中剩牌与发到手的牌张数相同（即一张牌也未打出过），则加倍罚分。

6. 可以预订一个界限，如以负满 100 分为一局。

英文牌

【适用】

初中

【方法】

1. 找朋友

选 30 对常用的同、近义词，如 Study（学习）、Learn（学习），Say（说）、Speak（说话）等等，制成 60 张纸牌，可供 3 ~ 4 人。

游戏时，每人发牌 7 张，然后从剩下的牌堆上翻开一张，放在牌堆旁边。第一个打牌者，可以将翻出的那张牌取到手里，也可以在牌堆上取一张牌，取到牌后可以将手中符合同（近）义词要求的一对摊到桌面上，发到的对子也可一并摊出，之后将手中牌打出一张。第二家也是如此，即可取第一家打出的牌，也可以从牌堆里取牌，取牌后再打一张牌。如此循环，直至有人已经达到四对同义词牌了就结束。最先获得 4 对同义词的可以得 8 分。如发现有误配对子的情况应倒扣分数，误配一对扣一分。如第一个摊出的 4 对同义词牌中，其中有一对配错了，则应扣 8 分。经过这样几次摊牌后，总计得分最高者，就是优胜者。

2. 找对手

玩法与"找朋友"相似，不同的是在制作牌时选择若干对反义词，如：little（少），much（许多）；wrong（错误），right（正确）等等。

3. 造句子

将硬纸制成60张牌。12张写上名词：student、boy、dog、book 等等。12张写上动词，如 study、look、call、eat 等等。10张写上冠词，其中 3 张写 a，3 张写 an，4 张写 the。8 张写上连接词：or、and 等等。4 张写上短语：如 in the strett、at the door 等等。8 张写上形容词，如 big、red、black、young。8 张写上代词，如 I、you、she 等等。

游戏时，每人发牌 6 张，然后依次到多余的牌堆上转流摸牌，摸一张牌，打一张牌。第二家后，可以在别人打出的牌中"吃"牌，看谁先组成句子。至少要 4 张牌。

组成句子者，均可摊牌。如用 4 张牌组成句子得 4 分，用 5 张牌组成句子得 6 分，以下的得分数是牌数加 2。如用短语组成句子者另加 1 分。

化学牌

【适用】

初中

【方法】

化学牌是为了帮助熟悉元素名称而设计的。制作时，可根据"元素周期表"选择一部分内容，将这些元素符号、元素名称分别写在大小一样的硬纸片上，有一个元素符号必须有一个元素名。假定我们选 2 个元素符号，加上 50 个名称，就可以制成 100 张卡片。

参加者（4~6人）围桌而坐，每人发 8 张牌。发牌人首先打牌，以下顺时针轮流出牌，每次打一张牌。打出一张牌，就补一张牌（从多余的牌内补）。在第一家打牌后，第二家如能打出与桌上配套的牌，那么这一组就归他；如果手中没有可配套的牌，也应打出一张牌，让第三家配套。第三家可从第一、第二家打出的牌中去找一找有否可配之牌。如果谁打出误配套的牌，那么就要记录下来，计分时倒扣三组，这对误配的牌还要拿出来，供别人继续配套。如果有人漏了配套（如桌上，已有"氧"，再打"O"），那么下家可以"抢收"，并且继续有出牌权。

这样打牌、配牌、补牌，周而复始，直到全部牌打完，哪一个获得配套的组最多（应扣除倒扣的分数），就成了这次游戏的胜利者。

成语牌

【适用】

初中

【方法】

用硬纸几十张，在纸的一面上写一些成语。在选择的成语中，应选有首尾相接的字（如：分秒必争、争先恐后、后来居上、上下其手……），或者有着共同字的成语（如：百战百胜、美不胜收、不一而足、不可收拾……）。总之，要选择能相衔接的，不论上下左右都能相通的。在制作中还要用红笔写上一张领头的成语牌，这张牌最好能给其他成语有较多连接机会。

一般是4个人参加。把准备好的成语牌打乱后分发给各人。得到用红笔书写的成语牌一家先出牌，就是将这张红色成语牌打出。以后顺时针轮流出牌。以下者必须根据桌面上已有的成语首尾相衔接，接的方向不限，可上下左右接，例如：桌上放着一张"三人成虎"，既可以从左接上"接二连三"，也可以从右接"三三两两"。也可以从上面接下来，出牌人手中无合适的牌可接，那么就要从手中的牌内任选一张放在桌上"禁闭"。这样轮流出牌，直至全部牌打完。谁"禁闭"的牌最少，谁就是胜利者。

31 点

【适用】

初中

【方法】

这是一种比记忆、比心算的游戏。一般是两个人对抗。将扑克牌中的"A"、"2"、"3"、"4" 24 张牌拣出备用。先把这 24 张牌混合，然后任意排成 4 行，每行 6 张，牌面朝天，让双方都默记一下牌的分布位置。比赛开始前将各张牌在原位翻转过来。

【规则】

两人轮流翻牌，并累计翻出的点数，以哪一方翻出的牌正好累汁到 31 点为胜（如果翻出牌累计超过 31 点者作败）。

例如：甲方先翻出一张"5"，嘴里报一声"5"，同时把原牌朝天放在原位。乙方翻出一张"3"，嘴里要喊"8"（3＋5＝8）。再甲翻牌、报数……最后某一方翻出一张牌，报出"31"就获胜。如果一方翻牌后超过"31"就算失败。

双人百分

【适用】

初中

【方法】

两人轮流从牌叠上摸牌，取满 4 张为止。再从牌叠中任意翻出一张牌，将这张牌的花色作为"将牌"花色。将牌的功用，除了在将牌范围内比大小外，它还可以在手中缺少某花色时，以将牌来压对手的牌。

打牌开始时，一方打牌，对方必须打同种花色，谁的牌点大，就获得这两张牌，并获下一轮的出牌权。如果第一家出了某花色，而第二家并无此花色，那么可选任意花色垫牌，就等于放弃这一组牌。

在每次出牌以后，都要补上一张牌到手中，使手中牌保持 4 张。根据每人手中的牌来计算得分。牌中 K、10 均为 10 分，5 为 5 分，总 100 分。以 10 副牌总计一下累计分，分出胜负。

看样学样

【适用】

小学、初中

【方法】

这是一种集体的扑克，人数不限。将扑克内点数相同的 4 张牌理在一起，再根据参加人数来取出相应的牌组。例如六个人参加，就可以用 A、K、Q、J、10、9 六组牌，每组 4 张。将这 24 张牌，每人每次发一张。目的是通过交换，使自己手中的 4 张牌成为同一点。

【规则】

参加者中选一人喊口令，当喊口令者发出"一！二！三！"时，就把自己不需要的牌往下家送去，同时去接收上家送来的牌。各人手中始终保持 4 张牌，等到其中有一人已交换成 4 张同点的牌后，此人便可做一个小动作（如：拉住耳朵、摸鼻子、闭住一只眼睛）来表示。其他的人发现有人已达到 4 张同点牌了，并发出了"信号"，应该立即模仿做出类似的动作。全部参加者中最后一个做模仿动作者，就是失败者。当然失败者可以罚以唱歌、跳舞、讲笑话等小节目以助兴。

传口令

【适用】

小学高年级

【方法】

将参加的人分成人数相等的两个队，两队之间的距离不能少于 12 米。每队选出队长 1 人。

第一遍哨音响过以后，各队队长立刻跑到领导人处受领任务。如，领导人在甲队长的耳边说："正前方50千米处发现了敌人，现派侦察排出发侦察。"甲队长如果没听明白，可在领导人耳边复述一遍，作为核对。然后领导人再向乙队长交待任务，任务可相同，也可不相同。如不相同时，两队任务命令的长短、难易大体要一致。

第二遍哨音一响，两队队长立刻跑回本队，把任务悄悄地传给第一个人，第一个人再传给第二个人，依次照传。最后一人得令后立刻跑向领导人，报告任务内容。先传完而又没传错的队为胜（传令时，字数多或少几个字，没什么关系，意思一定要完全正确）。

【规则】

传令时不能让另一队的任何一人听到。如被对方听到，即宣布暂停；听到者立即报告本队队长，队长再向领导人报告。如果所报告的内容，确是领导人发出的，失密队即为失败，要重新开始。如报告的内容不对，则领导者下令继续玩下去。